民國歷史與文化研究

六 編

第 **7** 冊

中國郵政立法研究
——以近現代社會變遷爲背景（下）

劉 波 著

花木蘭文化事業有限公司

國家圖書館出版品預行編目資料

中國郵政立法研究——以近現代社會變遷為背景（下）／劉波 著
— 初版 — 新北市：花木蘭文化事業有限公司，2017〔民 106〕
目 8+180 面；19×26 公分
（民國歷史與文化研究 六編；第 7 冊）
ISBN 978-986-485-145-4（精裝）
1. 郵政法規　2. 立法　3. 民國史
628.08　　　　　　　　　　　　　　　　　　106013733

ISBN-978-986-485-145-4

9 789864 851454

民國歷史與文化研究
六　編　第七　冊　　　　　　ISBN：978-986-485-145-4

中國郵政立法研究
——以近現代社會變遷爲背景（下）

作　　者　劉　波
總 編 輯　杜潔祥
副總編輯　楊嘉樂
編　　輯　許郁翎、王　筑　美術編輯　陳逸婷
出　　版　花木蘭文化事業有限公司
社　　長　高小娟
聯絡地址　235 新北市中和區中安街七二號十三樓
　　　　　電話：02-2923-1455／傳眞：02-2923-1452
網　　址　http://www.huamulan.tw 信箱 hml 810518@gmail.com
印　　刷　普羅文化出版廣告事業
初　　版　2017 年 9 月
全書字數　362025 字
定　　價　六編 10 冊（精裝）台幣 18,000 元　　　版權所有·請勿翻印

中國郵政立法研究
——以近現代社會變遷爲背景（下）

劉 波 著

目 次

第 6 章　2009 年《郵政法》修訂

　　為了實現預定的變革社會的目標，任何一場劇烈的社會變革運動，不僅要著眼於改變舊的法律制度的本質與結構，更要從根本上為建立一種新的法律制度，確立起穩定的、賴以存在和發展的法律秩序與社會秩序。〔註1〕

　　《郵政法》的制訂、修改，在某種程度上與此不謀而合。

6.1　中國社會的再次轉型

　　中國的改革開放始於 1978 年。經過十多年以後，中國社會的變化已經可以用「深刻」二字概括。

6.1.1　由計劃經濟走向市場經濟

　　在經濟領域，80 年代以前，中國一直實行計劃經濟體制，而且傳統上認為：社會主義的基本特徵之一就是計劃經濟，搞社會主義只能實行高度集權管理的、指令性的計劃經濟體制。一提市場經濟，自然就是資本主義特有的東西，與社會主義的計劃經濟格格不入、相互對立。

　　建國前 30 年的實踐，基本上是一個計劃經濟從建立、到鞏固、到強化的過程。如上一章所述，中國的計劃經濟體制確曾起過重要的歷史作用，它打破了西方的經濟封鎖，為中國的政治獨立、國防獨立奠定了極為重要的經濟獨立的基礎，使國民經濟迅速恢復，得以醫治長期戰爭的創傷，保障了人民

〔註1〕　參見公丕祥：《中國的法制現代化》，北京，中國政法大學出版社，2004 年，第 467 頁。

最低的基本生活需要。而且，國家通過計劃體制，集中了必要的人力、財力和物力，進行有計劃、按比例、有重點、有平衡的大規模建設，大力發展工業，改變了舊中國遺留下來的不合理的產業結構，迅速建立起了獨立的比較完整的工業體系和國民經濟體系。從這些方面看，絕不能簡單地否定計劃經濟對現代中國發展的歷史意義。

　　但是，事物都有兩面性。計劃經濟也有著嚴重的弊端。

　　由於片面強調計劃的作用，否定和排斥市場的作用，只講有計劃按比例發展經濟，否定價值規律的作用，國有經濟的運行受到了極大的限制。無論生產，還是流通，都由國家計劃或地方計劃進行調節，按部就班地進行，市場調節基本不起作用。企業生產任務的確定，必須按照下達的指令性計劃；企業生產所需的基本原材料、能源動力、交通運力供應，產品（服務）的銷售，也得根據國家計劃下達和調整，企業不必（也不能）去市場採購或銷售；企業勞動力資源管理更是有框有條，用工指標和工資標準都是國家有關部門嚴格控制的。在計劃經濟體制下，國營企業與上級主管部門之間是縱向的領導與被領導的關係，企業之間基本不存在橫向的競爭關係和優勝劣汰，企業管理只講奉獻和勞動競賽、不承認競爭和物質利益，否定追求利潤是企業生產經營的主要目標，企業沒有破產的問題，職工沒有失業的問題，大鍋飯、鐵飯碗、平均主義現象嚴重，效率和效益低下。對國有企業的管理上，宏觀管得過多過死。給每個國有企業都配了一個「婆婆」，或者歸行政部門管，或者歸地方政府管。由於政企職責不分，企業實際成了國家行政部門的附屬物，國家行政機構和上級部門過多地干涉企業的生產經營活動。企業處於一種非常被動的狀態，因爲它的生產、建設任務，產品的定價銷售，利潤的分配使用，物資、勞力和資金的供應等，都是由國家計劃指標規定好了的，根本不可能做到「自主經營、自負盈虧」。因爲企業沒有什麼經營管理自主權，也沒有什麼自己特殊的利益，所以企業也就很難在採用新技術、制定發展戰略、改進經營管理、調整生產結構、提高產品質量和降低成本等方面發揮積極性和主動性。分配時推行的是事實上的平均主義，限制了職工的工作熱情，造成「企業吃國家的大鍋飯」，「職工吃企業的大鍋飯」。

　　片面強調國家集中，實行單一所有制，使得微觀經濟喪失活力。1956 年以後，非國有經濟多已被排斥，形成了「權力高度集中、利益格局一元和行政本位」的體制，片面強調公有制經濟、特別是國有經濟的發展。隨之而產

生的「一大二公」的意識形態脫離了中國生產力水平的現實，框住了豐富多彩的社會經濟生活，結果造成了所有制的單一，阻礙了社會經濟的發展。由於否定和限制其他經濟成分的發展，其他經濟成分在活躍市場、發展經濟、增加就業等方面的積極作用，便無從發揮。

　　由於宏觀調控變成了一條腿走路，改革前中國投資率很高（投資率達 30% 以上），但經濟增長率卻很低，從宏觀上反映出資本使用效率很低，資本浪費極為嚴重。幾乎所有生產資料的價格和絕大部分消費品的價格，都是由政府有計劃定價。價格不能反映市場供求狀況和價值規律，所以社會生產與社會需求脫節，「長線產品的生產總是長線，短線產品的生產總是短線」，充分暴露了計劃管理本身容易脫離實際、僵化呆板的毛病。資本和其他資源的價格是由計劃者人為制定的，不是根據需求與供給的關係自主決定的。由於缺乏可參考的價格信號引導資源配置，這使得政府無法根據投入的真實成本和產出的真實效益來判斷企業的效率（儘管對宏觀上的效率容易判斷），也就無法找到提高資本、資源利用效率的方法。

　　在計劃經濟下，技術進步緩慢，經濟管理滯後，經濟效益不高。科技對生產力的帶動作用沒有得到發揮，相反很多領域的技術水平處於長期停滯狀態，「片面追求產值速度，物資消耗高、勞動生產率低，產品品種花色單調，質量不高，經濟效益差。人民生活水平沒有隨著經濟的增長而得到相應的提高。」〔註 2〕

　　由於人為地把計劃經濟作為市場經濟的對立物，與世界市場的關聯度小，整個國家的經濟制度具有強烈的封閉性質，許多產品被切斷了與世界市場的聯繫，也關上了資本、人才、信息、貨物自由流動的大門，排除了積極利用世界（他國）資源的可能性。〔註 3〕

　　隨著改革的深入，這些弊端日益突出地暴露出來，越來越不適應經濟發展的形勢。而且，國民的物質文化需求越廣泛、與外部經濟聯繫交往層次越高、科技創新和科技革命的速度越快，僵硬的計劃經濟制度就越顯得不適應，甚至逐漸淪為科技進步和生產力發展的阻力。

　　正是由於上述原因，中國經濟在 70 年代近於停滯，甚至處於危機的邊緣。改革要往下進行，計劃經濟體制已到了不改不行的地步。「不對傳統計劃經濟

〔註 2〕 馬凱、曹玉書主編：《計劃經濟體制向社會主義市場經濟體制的轉軌》，北京，
　　　　人民出版社，2002 年，第 91 頁。
〔註 3〕 參見許志新：「論蘇聯失敗的經濟根源」，《東歐中亞研究》，2001 年第 3 期。

體制進行『大刀闊斧』的改革再造，中國經濟的現代化將會遙遙無期，與西方發達國家的差距將越來越大。」〔註4〕

1982 年，中國共產黨十二大提出「計劃經濟爲主、市場經濟爲輔」的經濟體制模式。1982 年，中共十二屆三中全會做出《中共中央關於經濟體制改革的決定》，提出：商品經濟不可逾越，社會主義經濟是公有制基礎上的有計劃的商品經濟。到 90 年代，對計劃和市場關係的認識進一步成熟。國際大環境也發生了重大變化，蘇東陣營幾乎在一瞬間紛紛倒塌。舊的世界格局瓦解，更加有利於引進先進科技和經營管理方式，包括現代市場經濟體制。1990 年 12 月和 1992 年初，鄧小平視察上海和深圳等南方各地時明確指出：計劃和市場不是社會主義與資本主義的本質區別，市場經濟不等於資本主義，計劃和市場都是經濟手段。1992 年，中共十四大確立「我國經濟體制改革的目標是建立社會主義市場經濟體制。」

由此開始，中國經濟體制進行了根本性變革，這場變革將深刻影響未來中國的方方面面，決定中國此後立法的基本方向。推動經濟變革的關鍵所在，是建立一個適應現代市場經濟發展需要的法律秩序，而且這也是實現中國法律革命的基本條件。特別重要的，這次法製革命，不是傳統計劃經濟體製法權系統的現代翻版，也不是在過去幾千年小農自然經濟軌道上的滑行。它的核心，是要與現代市場經濟發展相適應，從根基下手，創設一個市場經濟下的現代法律秩序系統。〔註5〕

6.1.2 以開放促改革——加入世貿組織

經過 15 年艱苦的談判，2001 年 11 月 10 日，中國加入世界貿易組織（WTO）。〔註6〕這標誌著中國對外開放進入到新階段，中國由此而獲得的發

〔註4〕 馬凱、曹玉書主編：《計劃經濟體制向社會主義市場經濟體制的轉軌》，北京，人民出版社，2002 年，第 145 頁。

〔註5〕 參見公丕祥：《中國的法制現代化》，北京，中國政法大學出版社，2004 年，第 561～562 頁。

〔註6〕 2001 年 11 月 10 日，在卡塔爾多哈召開的 WTO 第四次部長級會議，審議並表決通過中國加入 WTO。11 月 11 日，時任中國外經貿部部長石廣生代表中國政府簽署了《中華人民共和國加入議定書》，並根據中國全國人民代表大會常務委員會 2000 年 8 月 25 日的授權決定（2001 年 11 月 9 日新華社公佈），當即遞交批准接受加入書。按照《建立 WTO 協定》第 14 條第 1 款的規定（「本協定生效之後的接受應在此接受之日後的第 30 天生效」），2001 年 12 月 11 日，中國正式成爲 WTO 的第 143 個成員。

展成果是巨大和多方面的。

　　一是改善了中國的經濟貿易環境，獲得了一系列經濟成果，從而提高了中國的國際地位，完成了加入全球經濟的重要一步。比較明顯的直接成效是帶動了對外貿易快速增長。2002 年至 2004 年的 3 年間，中國外貿進出口平均增幅達到 36.4%。進出口貿易總額從 2000 年的 4743 億美元增加到 2005 年的 14221 億美元，其中，出口額從 2492 億美元增加到 7620 億美元，5 年增長了兩倍，這在世界貿易發展史上幾乎是沒有出現過的。到 2006 年，中國對外貿易總額排名已經躍居世界第三位〔註7〕，成為名副其實的貿易大國。〔註8〕

　　二是形成了以開放促改革、以改革促發展的局面。加入世貿組織，以一種更為強大的外部力量，直接促進了中國向市場經濟的轉型和發展。對外貿易的迅速增長，商品、資金、人才、資源的雙向流動必然促使國內市場與國際市場的進一步接軌，把相對封閉的國內市場變成全球化背景下國際市場的一部分。更深層次的是，在 WTO 規則和框架下，中國必須要擴大對外開放，這就更加需要努力推進國內體制改革，逐步建立起適應市場經濟發展和全球化要求的經濟、貿易體制，並由此帶動政治、文化、社會制度的持續變革。用 WTO 的基本原則來評估中國的市場經濟體制的構建進展，使之更具有改革層面的積極意義。這種體制的形成和構建，不單純是經濟的，它必然以國民待遇、雙贏等新理念、新觀點的融入為依託，以國家的政策和法律的變革為先導，在取得突破後，轉回來又進一步推動國家政策與法律的變革。

　　「在這種情況下，一個國家能否成為當代國際統一市場的合格成員，在很大程度上取決於該國的法律環境。」〔註9〕WTO 由此成為了一種倒逼機制，使得成員國既有的法律法規、法制體系、司法及執法隊伍，法律意識、法制觀念，都要按照 WTO 的規則和精神，不斷地調整、更新和接軌。

　　對於中國的法治而言，入世是起點而不是終點。世界貿易組織的協定既是國家法的國際化，但又反過來對成員國的法律制度產生影響。只要涉及與

〔註 7〕　中國在入世之前的對外貿易平均增速為 15%，加入 WTO 之後 2001 年到 2011 年的平均增速達到 22%，也是在這一時期，中國經濟排名一路向前，2011 年成為世界第二大經濟體和第一大出口國。

〔註 8〕　WTO 經濟導刊編輯部：「『畫』說五年──開放中發展 開放中共贏」，《WTO 經濟導刊》，2006 年第 10 期。

〔註 9〕　朱力宇主編：《依法治國論》，北京，中國人民大學出版社，2004 年，第 117 頁。

WTO 不一致的法律，都要以世貿規則爲依據進行相應的修訂。同時，這種修訂不僅僅涉及中央一級的立法，更推廣到地方各級的立法。這相當於在立法方面增加了一個新的參照系和遵循準則，必然影響到中國現有法律體系的框架構造，在某些領域、某些方面、某些程度上甚至等於要重塑中國的法律體系。爲了履行《WTO 協定》和入世承諾，雖然中國正式成爲 WTO 組織成員的時間是 2001 年 12 月 11 日，但是啓動大規模法律、法規立改廢的工作，早在 1999 年就開始了。國務院爲此專門成立了一個「法律法規清理領導小組」，確定了清理三原則：法制統一、非歧視、公開透明。清理範圍首先是與對外貿易有關的所有政策文件、部門規章、行政法規等，然後逐步擴展至各部委的所有政策文件、部門規章、行政法規。凡是與 WTO 規則不符的法律法規，都要進行徹底的清理、修訂或廢止。〔註10〕

在中央層面的清理法律法規工作完成之後，又開展了各省內部的法規清理工作。〔註11〕對於被清理的法律法規，按照「保留」、「修改」、「廢止」和「重新制定」等四個檔次來分類，造冊。〔註12〕有關部門根據清理結果，制定了詳細的立、改、廢工作計劃。

2003 年以後，中央和地方根據履行有關對外承諾的時間表，繼續有計劃地對有關 WTO 的法律法規進行了大量的修改和調整。以《著作權法》爲例，1990 年 9 月 7 日由第七屆全國人大常委會第十五次會議審議通過，並於 1991 年 6 月 1 日起正式實施。2001 年 10 月 27 日，爲完善中國著作權法律制度，適應加入世貿組織的進程，第九屆全國人大常委會第二十四次會議對 1990 年《著作權法》進行了修正。2010 年 2 月 26 日，根據執行世貿組織中美知識產權爭端案裁決，第十一屆全國人大常委會第十三次會議再次修訂，並於 2010 年 4

〔註10〕 僅在中央一級，需要修訂、廢止，或者制定的法律、行政法規、規章和其他政策措施就有 1150 餘件。

〔註11〕 2001 年 9 月，中共中央辦公廳、國務院辦公廳發佈意見，對有關地方性法規、地方政府規章和其他政策措施的清理工作作了專門部署。截至 2003 年 7 月底，全國 31 個省、自治區、直轄市和 49 個較大的市修改、廢止地方性法規、地方政府規章和其他政策措施約 20 萬件。
參見石國勝：「中國入世 5 年貿易法律法規進行大調整 影響深遠」，載於中國經濟網，http://big5.ce.cn/xwzx/gnsz/gdxw/200612/18/t20061218_9787008.shtml，2006 年 12 月 18 日，最後登錄時間：2012 年 10 月 27 日。

〔註12〕 萬學忠、張維：「入世十年推動中國法治進程」，2011 年 12 月 9 日，載於人民網，http://legal.people.com.cn/h/2011/1209/c226563-2862729650.html，最後登錄時間：2012 年 10 月 27 日。

月 1 日起施行。可見，上述兩次《著作權法》修改均與世界貿易組織有關，第一次是為了滿足加入世貿組織的直接需要，第二次是為了履行世貿組織關於中美知識產權爭端案裁決的現實需要。因此，這兩次《著作權法》修改均具有被動性的特點，在一定程度上是世貿規則「逼」出來的。這在入世後其他法律的立改廢過程中，並不是個例。從 1999 年底到 2006 年 10 月，大量的與 WTO 接軌的法律法規提上了立法和修法的進程，成效應該說是非常顯著的。〔註 13〕

隨後，在 2007 年、2008 年及 2010 年，中國政府又進行了三輪的對現行法律，或專門對行政法規、規章和規範性文件的全面清理。

除了全面的廢、改、立，中國法制體系與世貿組織法律體系也在逐步實現接軌，主要體現在：

第一，實現法律的透明化和市場公開化。加入 WTO 使中國法律的透明度大為提高：一是通知制度，即按照 WTO 規則，中國作為成員國，有義務向 WTO 的有關機構通知本國法律規範及行政決定的制定情況。二是公佈法律規範和行政決定的制度。WTO 所有成員方都有義務及時公佈有關法律和行政決定。三是諮詢制度。WTO 規定，所有成員方必須設立諮詢渠道，以便滿足其他成員方的要求，提供有關法律及其他文件資料，負責解答其他成員方提出的法律和政策問題。通過遵守這些規定，無疑大大提高了了中國法律制定和運行的透明度，有利於提升本國和外國公民、法人對中國法律的信任度。

第二，實現法律的法典化。為了使中國法律與 WTO 規則一致，使法律、法規以及規章的制定更加規範化、制度化，以維護國家法制的統一，2000 年中國制定了《立法法》，推進了法律規範的法典化；如《民法典》、相關行政程序法、統一稅法的起草或調研，就是法典化運動的組成部分。〔註 14〕

從中央到地方，這一階段立法或修法活動之密集、數量之多，使中國法制的面貌發生了巨變。與當年全面恢復法制時期立法活動受國外影響微乎其

〔註 13〕 從 1999 年底到 2006 年 10 月，全國人大及其常委會制定、修改與貿易有關的法律 21 件；國務院制定、修改、停止執行有關行政法規約 100 件；國務院有關部門制定、修改、廢止部門規章和其他政策措施 1000 多件。全國 31 個省（自治區、直轄市）和 49 個較大的市立、改、廢地方性法規規章或有關文件及其他政策措施數量 19 萬多件，其中地方性法規 1130 件、規章 4490 件。孫國華主編、馮玉軍副主編：《中國特色社會主義法律體系研究——概念、理論、結構》，北京，中國民主法制出版社，2009 年，第 42 頁。

〔註 14〕 公丕祥主編：《全球化與中國法制現代化》，北京，法律出版社，2008 年，第 340 頁。

微、幾乎是自行立法相比，中國入世後更多地考慮根據 WTO 法所要求的國際法優先於國內法的基本原則，在大規模立法和修法中，通過國內立法轉化而實施 WTO 法。立足本國法律與國際規則的接軌，按照國際規則進行自身大規模的調整和適應，在中國立法歷史上，這是前所未有的重大實踐。

WTO 要求立法的透明，不但是對外透明，也要對內透明。這就意味著中國立法要對所有 WTO 成員公開，並接受其他成員國「評議」。而且，在此影響下，立法的國內透明度和公眾參與度也在不斷提高，立法公開逐步成爲普遍實踐。入世後，大多數法律草案和行政法規草案都實現了向社會各界公開徵求意見。除了極少數例外情況，在公佈與實施法律、法規、規章時，都保持了一段時間間隔。此外，通過法律法規彙編等形式，及時翻譯、出版有關對外經濟貿易的法律、法規、規章和其他政策措施。〔註 15〕從立法的角度觀察，中國對 WTO 的態度堪稱積極和認眞的。

WTO 還帶來了服務貿易領域的逐步開放。中國根據「入世」承諾，相繼頒佈了 30 多個關於開放服務貿易的法規和規章，涵蓋了物流、金融、建築、分銷、旅遊等數十個領域，基本完善了服務貿易對外開放的法律體系，形成了服務貿易全面對外開放的格局。這些法規降低了有關行業的准入門檻，拓展了外國服務提供者進入內地的地域範圍和業務領域。根據加入世貿組織承諾和世貿組織規則要求，中國已經開放 100 多個服務貿易部門，在世貿組織分類的 164 多個服務貿易部門中占 62.5%，接近發達成員水平。〔註 16〕

表 6-1　中國部分服務行業開放時間表〔註 17〕

行業	全面開放時間	行業	全面開放時間
保險業	2005 年 12 月 11 日前	速遞服務	2004 年 12 月 11 日
銀行業	2006 年 12 月 11 日	通信、互聯網	2007 年 12 月 11 日以前
商業服務業	2004 年 12 月 11 日	資產管理	2004 年 12 月 11 日以前

〔註 15〕許多有立法權的地方政府還通過向社會發佈公告的方式，公開徵集地方立法項目，任何單位和個人均可向政府提出立法項目建議。

〔註 16〕參見唐任伍、馬驥著：《中國經濟改革 30 年：對外開放卷（1978～2008）》，重慶，重慶大學出版社，2008 年，第 76 頁。

〔註 17〕資料來源：《經濟日報》，2004 年 12 月 10 日。轉引自唐任伍、馬驥著：《中國經濟改革 30 年：對外開放卷（1978～2008）》，重慶，重慶大學出版社，2008年，第 77 頁。

行業	全面開放時間	行業	全面開放時間
貿易權	2004 年 12 月 11 日	專業服務	2004 年 12 月 11 日以前
流通領域	2006 年 12 月 11 日	企業服務	2004 年 12 月 11 日以前
特許經營	2004 年 12 月 11 日後無限制	音像	2004 年 12 月 11 日以前
交通	2007 年 12 月 11 日	建築業	2004 年 12 月 11 日
倉儲	2004 年 12 月 11 日	旅遊業	2004 年 12 月 11 日以前
貨運代理	2005 年 12 月 11 日	教育	2004 年 12 月 11 日
海上運輸	2001 年 12 月 11 日	-	-

6.1.3 建設法治社會的理想

　　隨著社會主義市場經濟體制的確立，依法治國成為管理國家和社會事務的重要方針。八屆全國人大四次會議通過《「九五」計劃和 2010 年遠景目標綱要》，明確把「依法治國，建設社會主義法制國家」作為民主法治建設的遠景目標。1997 年 9 月，中共十五大對依法治國做了進一步的闡述，將「依法治國」確定為治國埋政的基本方略。1999 年 3 月，憲法第三個修正案經九屆全國人大二次會議通過，規定：「中華人民共和國實行依法治國，建設社會主義法治國家。」從此，「依法治國」被確立為治國方略，正式寫入中國根本大法。法律在國家政治、經濟、社會管理的各方面，逐漸獲得其應有的權威。

6.1.4 多種經濟的興起

　　中共十四大雖然確立了「社會主義市場經濟」的道路。但是，固有的計劃經濟模式並不會像潮水一樣，立刻退去。特別是對長期形成的所有制結構而言，不能打破單一的公有制，建設現代市場體系，市場經濟是無從附著的。因此，所有制結構的調整成為中國市場經濟建設的重要領域。從國有經濟的絕對壟斷到合理佈局，從國有經濟的一枝獨秀、一花獨放到多種所有制經濟共同發展、群芳爭豔，透顯出中國經濟基礎的重大變化。

　　從 1978 年起，中國經濟體制改革的中心環節始終是國有企業改革，實質上是國有經濟的大調整。從 90 年代開始，國有企業改革進程明顯加快，出現了明顯的變化，基本軌跡是：國有企業的數量與規模大幅下降，逐漸集中到國防性、壟斷性、公益性或特殊性的行業；關係國家經濟命脈的重要行業和關鍵領域，國家以多種形式參與，保持適當的控制力；在一般性、競爭性的

行業及領域，國有企業大步退出。〔註 18〕

1999 年 9 月 22 日，《中共中央關於國有企業改革和發展若干重大問題的決定》確定了要從戰略上調整國有經濟佈局，所有制經濟的調整完善要同產業結構的優化升級結合起來，基本的方法是堅持有進有退，有所爲有所不爲，提高國有經濟的控制力。〔註 19〕同時，明確了要把建立現代企業制度作爲國企改革的方向。

2005 年《中共中央關於制定國民經濟和社會發展第十一個五年規劃的建議》，提出要推動國有資本向關係國家安全和國民經濟命脈的重要行業領域集中。

2006 年 12 月，國家國有資產管理委員會頒佈《關於推進國有資本調整和國有企業重組的指導意見》，界定了「涉及國家安全的行業」、「提供重要公共產品和服務的行業」等重要行業和關鍵領域的範圍。〔註 20〕這就進一步明確了國有資本調整和國有企業重組的方向與目標。同時，還提出 2010 年中央企業要調整和重組至 80～100 家。〔註 21〕

如果把國有經濟改革視爲存量改革的話，那麼非公經濟的發展，則可視爲中國市場經濟建設「增量改革」部分的成功之作。

改革開放以後，中國開始逐漸允許城鎮個體所有制經濟的發展，同時制定政策，吸引外資。1979 年制定的《中外合資經營企業法》，給予中外合資經營合法地位。1981 年，國務院頒佈《關於城鎮非農業個體經濟若干政策性規定》，提出「城鎮非農業的個體經濟是國營經濟和集體經濟的必要補充」，個

〔註18〕 李曉西主編，曾學文、趙少欽副主編：《中國經濟改革 30 年‧市場化進程卷》，重慶，重慶大學出版社，2008 年，第 22 頁。

〔註19〕 基本原則是：國有經濟要在關係國民經濟命脈的重要行業和關鍵領域占支配地位，其他行業和領域，可以通過資產重組和結構調整，集中力量，加強重點，提高國有經濟的整體素質。積極探索公有制的多種有效實現形式，大力發展股份制和混合所有制經濟，重要企業由國家控股。繼續對國有企業實施戰略性改組，充分發揮市場機制的作用，著力培育大型企業和企業集團，放開搞活國有中小企業等。

參見馬凱、曹玉書主編：《計劃經濟體制向社會主義市場經濟體制的轉軌》，北京，人民出版社，2002 年，第 164～166 頁。

〔註20〕 重要行業和關鍵領域的範圍主要包括：涉及國家安全的行業，重大基礎設施和重要礦產資源，提供重要公共產品和服務的行業等。

〔註21〕 李曉西主編，曾學文、趙少欽副主編：《中國經濟改革 30 年‧市場化進程卷》，重慶，重慶大學出版社，2008 年，第 235 頁。

體經濟得到國家承認。其後頒佈的 1982 年憲法和幾次憲法修正案，對非公有制經濟地位、作用和性質的表述，充分說明了對非公有制經濟認識的深化和其法律地位的提升。〔註 22〕

　　民營經濟是非公有制經濟的主要部分之一，在改革開放以來的三十年中展現出了旺盛的生命力，取得了健康而快速的發展，總量規模不斷壯大，對國民經濟的貢獻也越來越大，漸漸佔據了舉足輕重的地位。

表 6-2　1989～2006 年私營企業基本情況〔註 23〕

年份	戶數／萬戶	人數／萬人	註冊資金／億元
1989	9.06	164	84
1990	9.81	179	95
1991	10.78	184	123
1992	13.96	232	221
1993	23.79	373	681
1994	43.22	648	1448
1995	65.45	956	2622
1996	81.93	171	3752
1997	96.07	1349	5140
1998	120.10	1709	7198

〔註 22〕1982 年憲法第十一條規定「城鄉勞動者個體經濟是社會主義公有制經濟的補充」。將個體經濟的範圍從城鎮非農業擴大到城鄉，個體經濟獲得了憲法地位。1988 年憲法修正案在憲法第十一條增加：「國家允許私營經濟在法律規定的範圍內存在和發展。私營經濟是社會主義公有制經濟的補充。國家保護私營經濟的合法的權利和利益，對私營經濟實行引導、監督和管理。」從憲法規範擴大了憲法保護的非公有制經濟範圍，從個體經濟發展到規模較大的私營經濟，使私營經濟的存在正式獲得憲法的認可。1997 年中共十五大報告首次提出了非公有制經濟概念，指出：「非公有制經濟是我國社會主義市場經濟的重要組成部分」。1999 年憲法修正案將憲法第十一條修改為：「在法律規定範圍內的個體經濟、私營經濟等非公有制經濟，是社會主義市場經濟的重要組成部分。」從憲法角度，將非公有制經濟的地位從原來的公有制經濟的「補充」上升到社會主義市場經濟「重要組成部分」。2004 年憲法修正案對憲法第十一條又進行了第三次修改，將憲法第十一條第二款修改為：「國家保護個體經濟、私營經濟等非公有制經濟的合法的權利和利益。國家鼓勵、支持和引導非公有制經濟的發展，並對非公有制經濟依法實行監督和管理」。至此，憲法對非公有制經濟的定位達到了一個新的高度。

〔註 23〕數據來源：周立群、謝思全主編：《中國經濟改革 30 年：民營經濟卷（1978～2008）》，重慶，重慶大學出版社，2008 年，第 58～59 頁。

年份	戶數／萬戶	人數／萬人	註冊資金／億元
1999	150.89	2022	10287
2000	176.18	2407	13308
2001	202.85	2714	18212
2002	243.53	3248	24756
2003	300.55	4299	35305
2004	365.07	5107	47936
2005	430.10	5824	61331
2006	498.10	6586	76029

　　進入 90 年代以後，私營經濟不僅在戶數等基本指標方面實現了擴張，而且生產經營能力大大提高，在產值等方面也取得了長足的發展。1989 年，私營企業的總產值只有 97 億元，到 1994 年突破 1000 億，5 年時間增長了 10 多倍；2000 年突破 10000 億，又用 6 年時間增長了近 10 倍；到 2006 年，私營經濟的產值已經達到 31855.1 億元，是 1989 年的 328 倍。〔註 24〕

　　外資也獲得了長足的發展。從 1979 到 1989 年的十年間，中國實際利用的外資僅爲 578 億美元，年均 53 億美元。1992 年以後，引入外資高速增長，從 1990～1991 年實際利用外資 102.89 億美元，1992 年躍升至 192.02 億美元，1993～1994 年又達 389.60 億美元、432.13 億美元。1998 年，雖受金融危機影響，仍達 456 億美元。〔註 25〕加入 WTO 以後，中國利用外資的質量和水平顯著提高，技術引進水平大幅度提高；服務業領域進一步擴大開放；投資環境得到明顯改善，外商投資參與中國國民經濟的廣度和深度不斷增加。2001～2008 年的 7 年間，中國境內共設立外商投資企業 26.8 萬家，年均利用外資金額 592 億美元，實際使用外資金額達到 4147 億美元。自 1992 年起中國已連續 20 年成爲世界上吸收外資最多的發展中國家。〔註 26〕

　　截至 2007 年底，全國累計批准設立外商投資企業 63.2 萬家，累計實際使用外資金額 7630 億美元。80 年代以前，沒有一家著名跨國公司的地區總部設

〔註 24〕周立群、謝思全主編：《中國經濟改革 30 年：民營經濟卷（1978～2008）》，重慶，重慶大學出版社，2008 年，第 59 頁。

〔註 25〕倪正茂等：《國際規則：入世後中國的法律對策》，上海，上海社會科學院出版社，北京，高等教育出版社，2001 年，第 97 頁。

〔註 26〕商務部：「改革開放 30 年來我國經貿領域取得的成就──改革開放 30 年來中國吸收外商直接投資成就」，載於中國中小企業信息網，http://www.sme.gov.cn/web/assembly/action/browsePage.do?channelID=20124&contentID=1229569129027〉，2008 年 12 月 19 日，最後登錄時間：2012 年 11 月 5 日。

在中國。90 年代初，中國逐漸受到跨國公司的重視。到 2011 年，世界 500 強公司中已有約 490 家在中國投資，跨國公司在華設立的研發中心、地區總部等功能性機構已經達到 1600 餘家。〔註 27〕2011 年入世十週年之際，關稅平均稅率降至 9.8%。〔註 28〕

2002～2011 年，中國服務進出口從 855 億美元增長到 4191 億美元，增長了 3.9 倍，年均增長 19%。其中，服務出口從 394 億美元增長到 1821 億美元，年均增幅達 19%；服務進口從 461 億美元增長到 2370 億美元，年均增幅達 20%。同期，中國服務進出口的國際排名不斷上升。服務出口排名由第 11 位上升至第 4 位，服務進口排名由第 9 位上升至第 3 位。〔註 29〕

非公有制經濟從無到有，伴隨著改革開放的深入而不斷發展壯大起來，由「社會主義公有制經濟必要的、有益的補充」一步一步成長為「社會主義市場經濟的重要組成部分」，成為推動國民經濟市場化改革的重要力量。進入市場經濟社會以後，非公有制經濟的聲音逐漸對立法有了越來越強的影響力。

6.2 《郵政法》——條文與現實的距離

進入 1990 年代以後，中國社會以高速度加快轉型。這種變化迅速傳導到郵政行業，《郵政法》的規定與社會現實逐漸出現距離。

6.2.1 通信需求的重大變化：電信取代郵政？

一、電信迅猛發展

20 世紀 80 年代以後，電信技術迅猛發展，成為一場劃時代的變革，其成效是擴大了信息的傳遞範圍，大大加快了信息的傳遞速度。人類的通信

〔註 27〕 周英峰：「世界 500 強公司中已有 490 家在中國投資」，載於新華網，http://news.xinhuanet.com/fortune/2012-06/22/c_112273433.htm，2012 年 6 月 22 日，最後登錄時間：2012 年 11 月 5 日。

〔註 28〕 白興華、李軍民：「我國多次降低進口關稅影響深遠」，載於中國質量新聞網，http://www.cqn.com.cn/news/zgjyjy/578876.html，2012 年 6 月 7 日，最後登錄時間：2012 年 11 月 4 日。

〔註 29〕 商務部新聞辦公室：「十六大以來商務成就綜述之三：服務貿易穩步發展　全球地位快速上升」，載於商務部網站，http://www.mofcom.gov.cn/aarticle/ae/ai/201210/20121008410119.html〉，2012 年 10 月 30 日，最後登錄時間：2012 年 11 月 5 日。

方式由此產生了質的飛躍。〔註 30〕電信技術的高速發展，使信息傳遞速度越來越快、容量越來越大、費用越來越低。尤其是進入 90 年代以後，隨著移動電話和互聯網的出現，在全世界引發了新一輪通信消費需求，二者都獲得了令人驚訝的超高速發展。通信需求越來越趨於多樣化、個性化，通信方式逐步向多媒體化、移動化、智慧化等方向發展，徹底改變了通信市場的格局。〔註 31〕

二、國家對電信實行優先發展政策

改革開放以後，中國的經濟發展和對外開放對通信服務的需求非常旺盛，但通信服務能力遠遠不能滿足需求，供需矛盾暴露得相當突出，成爲國民經濟的一大瓶頸。通信裝備陳舊，技術落後，服務網點少，郵政工作場地尤爲緊張；國際通信技術落後，新的高速傳遞信息的業務種類少。1980 年中國擁有的電話機數相當於日本 1958 年、英國 1947 年、美國 1905 年的水平，

〔註 30〕 而且，電信業務從固定電話、電報、傳眞等傳統業務領域拓展到了衛星通信、無線尋呼和蜂窩移動通信以及互聯網通信等領域，越來越深刻地影響社會、經濟、政治、軍事、科技、文化和人民生活的方方面面。同時，全球化交往引發通信需求急劇增長，這種通信需求又對衛星通信、程控交換、光纖等信息通信技術的創新提供了巨大的拉動力量，創造了廣闊的空間，新的技術成果層出不窮並迅速商用。電信業也以遠高於全球經濟增長速度高速增長，1992 年和 2000 年全球 GDP 總額分別爲 23.49 和 31.13 萬億，年均增長 3.58%；同期電信收入分別爲 4136.71 和 9250.74 億美元，年均增長 10.58%，高於經濟增長 7 個百分點。
參見吳基傳主編：《世界電信業：分析與思考》，北京，新華出版社，2002 年，第 3～10 頁。

〔註 31〕 從 1996 年起，全球每年新增的電話用戶中，移動電話用戶數量已超過固定電話用戶數量；從 1998 年起，每年新增的移動電話用戶數已達到新增固定電話用戶數的兩倍。1995 年到 1998 年，全球的移動電話用戶增長了 13 倍，到 2002 年初已超過 10 億戶。與此同時，移動通信技術從最早的模擬制式發展到數字通信系統。第三代、第四代移動通信系統已經進入商用。
互聯網作爲集語音、數據、視像通信爲一體的新興通信方式，進步令人矚目。1994 年，全球接入互聯網的用戶還不足 300 萬，僅僅四年後，美國的上網用戶就達到 9300 萬，2000 年全球的互聯網用戶達 2 億戶，是 1994 年的 67 倍之多；1993 年，互聯網上的 Web 站點數量僅 130 個，2000 年猛增到 1700 玩個，增幅達 100 萬倍。與此相應，一系列重要的信息技術，如光通信技術、新的電信設備（如高速路由）不斷推出並被商用，使信息傳輸的速度有了質的飛躍。市場釋放出來的能量帶來了巨大拉力，成就了電信技術的迅速進步。
參見吳基傳主編：《世界電信業：分析與思考》，北京，新華出版社，2002 年，第 3～10 頁。

分別落後 22 年、33 年和 75 年。〔註 32〕

　　1980 年 7 月，國務院組成人員在郵電部專題彙報會上指出：現在郵電已不適應國家對外開放和國民經濟搞活的形勢，它的落後，已影響到國民經濟的發展。郵電的落後，長期以來沒有被人們所認識，沒有給予應有的重視。過去說郵電是國家通信部門，是神經系統，現在說是生產力。但要強調郵電通信在發展社會生產力重視生產力，在社會經濟重視基礎結構，或叫基礎設施。國家實現四化，沒有通信不信，信息不靈也不行，郵電建設跟不上，什麼事情都辦不成，通信在國民經濟中的作用是明顯的。因此，通信建設在國家經濟建設中要先行，或超先行〔註 33〕。1982 年 9 月，中共十二大召開，提出在 1980 年基礎上，到 20 世紀末，中國工農業總產值實現翻兩番的戰略發展目標。大會報告明確指出：「交通運輸的能力同運輸量增長的需要很不適應，郵電通訊設施也很落後。要保證國民經濟以一定的速度向前發展，必須加強能源開發，大力節約能源消耗，同時大力加強交通運輸和郵電通訊的建設。」〔註 34〕

　　從 70 年代末期，國家開始制定政策，採取各種措施，大力推動郵電特別是電信的發展。在基礎設施行業中，電信率先改革了過去單純依靠國家財政投資的發展模式，走出了一條依靠國家政策並最終走向依靠市場融資發展的新路。

　　80～90 年代，國家對電信發展實施的一系列優惠鼓勵政策和特殊發展政策有：

　　從 1980 年起，為了加快市內電話的發展，國家決定對市內電話收取市話初裝費；1981 年起實行「以話養話」，市話利潤不上繳，全部用於發展城市電話；開放城市引進國外先進市話技術裝備免徵關稅。這些政策措施，使城市電話建設有了比較穩定的資金來源。1982 年，國務院決定對郵電實行新的優惠政策：一是郵電的利潤只上繳 10%，90%留給郵電使用；二是非貿易外匯收入上繳 10%，90%留給郵電使用；1986 年國務院又批准國家給郵電撥款改貸款的固

〔註 32〕 吳基傳：《中國通信發展之路》，北京，新華出版社，1997 年，第 7 頁。

〔註 33〕 參見楊泰芳主編：《當代中國的郵電事業》，北京，當代中國出版社，1993 年，第 82～84 頁。

〔註 34〕 《中國共產黨第十二次全國代表大會上的報告》，載於人民網、中國共產黨新聞網，http://cpc.people.com.cn/GB/64162/64168/64565/65448/4526430.html，最後登錄時間：2012 年 10 月 30 日。

定資產投資，只償還 10%的本息，豁免 90%。以上三項政策統稱爲「三個倒一九」，其中的利潤留成辦法，在 1984 年又改爲只上交 10%的所得稅。〔註 35〕

與此同時，中央確立了「統籌規劃、條塊結合、分層負責、聯合建設」的十六字方針和「國家、地方、集體、個人一起上」的總體思路。各級政府的重視和社會各方面的支持彙集於通信基礎設施建設。同時，通過大膽引進、採用先進的光纖、程控交換、數字移動通信等技術，走跨越式發展道路，使中國的電信發展僅用十幾年時間迅速達到了世界先進水平，走完了許多國家幾十年才能走完的路。

國家的特殊扶持，大大增強了郵電部門特別是電信業務的活力。1980 年的郵電固定資產投資總額爲 4.64 億元，1986 年增長到 24.49 億元；市內電話交換及容量，1980 年以前平均每年增加 24.49 億元；市內電話交換機容量，1980 年以前平均每年增加 5.45 萬門，1981 年實行「以話養話」以來，每年大約增加 30 萬門。〔註 36〕改革開放之初，中國平均每百人只有不到半部電話；而 30 年後的 2008 年 6 月，中國固定電話每百人擁有量爲 27.4 部，手機每百人擁有量爲 46.1 部，電話用戶數超過 9.57 億。其中，固定電話用戶數 3.56 億，手機用戶數 6.01 億，躍居世界第一，超過美國、日本和印度的總和。到 2008 年 6 月，中國互聯網用戶數達到 2.5 億，超過美國，躍居世界第一。〔註 37〕

三、與電信相比，郵政發展明顯處於落後位置

在 1980 年代～90 年代的電信大發展時期，儘管國家對郵政也給予了優惠政策（比如：用於郵政建設的撥改貸投資，免還 90%；郵政上交的利潤全部返還給郵政，實行「以郵養郵」政策，增強郵政活力等），但是，由於多方面原因，郵政的發展速度逐漸落後於電信，而且差距越來越大。〔註 38〕郵電產業結構也在變化。解放初期，郵電業務總量中郵政約占 45%，電信約占 55%，

〔註 35〕 參見楊泰芳主編：《當代中國的郵電事業》，北京，當代中國出版社，1993 年，第 95～98 頁。

〔註 36〕 參見楊泰芳主編：《當代中國的郵電事業》，北京，當代中國出版社，1993 年，第 95～98 頁。

〔註 37〕 「改革鑄豐碑 通信創輝煌——回顧我國電信業改革開放 30 年發展成就」，載於中國信息產業網，http://www.cnii.com.cn/20080623/ca516930.htm，2008 年 12 月 19 日，最後登錄時間：2012 年 10 月 28 日。

〔註 38〕 王若竹：「國務院對郵政工作給予優惠 以郵養郵 增強自身活力」，《經濟日報》，1986 年 3 月 4 日，第一版。

此後郵政逐步下降，電信逐步上升。到了 1986 年，郵政在郵電業務總量中只占 30%，而電信則占 70%〔註39〕。90 年代以後，郵政業務量在整個郵電業務總量中的占比已經不超過 20%。

更爲重要的事，電信的高速發展，對郵政、特別是郵政最重要的業務——信件造成了取代，以至於有人懷疑郵政在新世紀裏是否還會存在。

6.2.2 郵電分營

十一屆三中全會後以後，郵電部其實也在進行經濟體制的改革。1984 年起，郵電部根據中共十二屆三中全會通過的《中共中央關於經濟體制改革的決定》和國務院《關於進一步擴大國營工業企業自主權的暫行規定》，加快郵電企業改革步伐，對下屬企業實行簡政放權，擴大了企業自主權，在郵電經營發展、地方性業務資費標準、固定資產投資計劃、物資供應、資金使用、人事、工資等 12 個項目範圍內下放了部分權限；縮小指令性計劃的範圍，擴大了指導性計劃的範圍，使省郵電局的計劃管理，有了更大的靈活性和機動性；推行經濟核算制，加強了企業的經營機制，擴大了企業自身積累，加快發展速度；在內部分配上，注意克服「大鍋飯」的平均主義，實行多種形式的按勞分配。這些改革措施收到了一些積極成效，促進了郵電企業的發展。〔註40〕但是，當時的改革仍然脫離不開計劃經濟框架，改革內容主要是調整上下級管理權限、放權簡政，比較初步，而且始終在內部組織進行，步伐不大，影響也不大。

到九十年代以後，國家已經明確要建立市場經濟，原有的郵電體制明顯是不適應了。從 1992 年起，郵電部逐步實行政企職責分開，按計劃分爲「三步走」。〔註41〕1994 年國務院通過的《郵電部職能配置內設機構和人員編制

〔註39〕 戴慶高主編《郵電經濟辭典》，北京，人民郵電出版社，1989 年，第 27 頁。

〔註40〕 參見楊泰芳主編：《當代中國的郵電事業》，北京，當代中國出版社，1993 年，第 95～98 頁。

〔註41〕 第一步，首先完成郵電工業、物資、施工、集郵等單位的政企分開，將郵電部郵政電信兩個總局的行業管理職能向綜合司轉移，綜合司的企業管理職能向兩總局轉移，並建立了政策法規和通信行業管理機構；第二步，從 1994 年開始，進一步推進郵政企職責分開，郵電部加強對通信行業的宏觀管理，並分別成立郵政司和電信政務司，將郵政總局和電信總局分別改爲單獨核算的企業局，各自統一經營全國的郵政和公用電信業務；第三步，創造條件，爲最終實現郵電分營、政企職能完全分開做準備。
參見李九圓主編：《新世紀中國郵政管理指導全書》上冊，北京，北京郵電大學出版社，2000 年，第 203～205 頁。

方案》（一般簡稱「三定」方案），清晰地提出了郵電部機構改革的指導思想。〔註42〕並且，明確要求郵電部實現職能轉變。〔註43〕

在 1994 年的體制改革中，郵電部的行業管理職能集中到政策法規司、郵政司和電信政務司。同時，「郵政總局、電信總局從機關行政序列中分離出來，在專業核算的基礎上改爲兩個企業局，負責全國郵政、電信業務的經營管理、網路運行、建設工作。兩個總局要根據社會主義市場經濟和現代化通信網發展的需要，對內部機構和人員進行調整與充實。爲便於參加國際組織活動，保持與世界各國郵電部門之間關係的連續性，對外簽訂雙邊郵政、電信業務協定和技術合同，兩個總局仍分別稱郵電部郵政總局、郵電部電信總局。」〔註44〕

此時，「郵電分營」（即郵政和電信從體制和組織上完全分開、各自獨立經營）也提上了日程。

郵政和電信雖然長期在一起經營，也都以通信爲自己的主要業務，但是隨著信息技術的快速發展和通信市場化的深入，這兩大專業的不同點越來越多，國家的管理和發展政策的差異也越來越大。

第一，郵政和電信產業性質不同。電信主要是光電信號的傳遞，郵政主要是實物的傳遞；電信屬於技術資金密集型產業，郵政以勞動密集型爲主；即使在郵電合一的體制下，郵政和電信的生產組織和生產過程實際上也可以

〔註42〕 即：「按照建立社會主義市場經濟體制的要求，加強對全國通信行業的宏觀管理，搞好全行業的規劃、協調、服務和監督工作；管好國家公用通信網，保證國家公用通信網的完整性、統一性與先進性；按照政企職責分開和精簡、統一、效能的原則，轉變職能，理順關係，精兵簡政，提高效率。」
《國務院辦公廳關於印發郵電部職能配置、內設機構和人員編制方案的通知》，國辦發〔1994〕24 號，1994 年 2 月 9 日。

〔註43〕 「要從偏重對郵電系統的微觀管理，轉向加強對郵電系統和全國通信行業的宏觀管理，維護國家利益和用戶權益。要進一步推進政企職責分開，將郵政總局、電信總局分別改爲單獨核算的企業局，統一經營全國公用郵政、電信通信網和郵電基本業務，並承擔普遍服務的義務。郵電系統繼續實行郵電部和省（自治區、直轄市）雙重領導、以郵電部爲主的管理體制，省（自治區、直轄市）郵電管理局根據建立社會主義市場經濟體制的要求和通信發展的需要進行必要的職能調整。」
《國務院辦公廳關於印發郵電部職能配置、內設機構和人員編制方案的通知》，國辦發〔1994〕24 號，1994 年 2 月 9 日。

〔註44〕 《國務院辦公廳關於印發郵電部職能配置、內設機構和人員編制方案的通知》，國辦發〔1994〕24 號，1994 年 2 月 9 日。

各成體系，在生產組織及生產流程上，除了可以共用部分營業場地外，郵政與電信其他方面的運營活動都可以截然分開。

第二，隨著社會逐步信息化，郵政電信繼續合營的優勢越來越少，反而相互掣肘。電信是當時國家急需加快發展的產業，電信業務收入從 1987 至 1997 年的 10 年間增長了 30 倍，市場需求旺盛。而同期郵政收入只增長了 10 倍。此時，郵電合一的體制，已經很難收到規模效應、降低成本、相互支持的效果。一方面，針對社會的大量需求，需要快速擴充電信生產能力，集中投資電信業務，也有必要在增強電信企業實力的同時，積極準備開放電信市場。但由於 90 年代後實行「以電補郵」政策，電信在一定程度上承擔了扶持郵政的責任，難以將電信收入轉為再發展的投資，放手發展，盡快做大做強，搶佔電信市場，從容應對入世後開放電信市場的挑戰。另一方面，對郵政而言，由於 90 年代以後郵電企業的電信業務比重越來越大，投資、設備、人員等發展政策客觀上都在向電信傾斜，郵政的資源被抽走以支持電信發展，郵政業務建設和經營得不到應有的重視，同樣不利於郵政的發展。當時的看法是，郵電分營後，中國電信可以實行規範的公司制改造，在按照現代企業制度的要求深化企業改革以後，成為真正的市場主體，平等地參與電信市場競爭；郵政的政策性虧損將逐步由電信補貼轉為國家財政補貼，更加明晰國家財政扶持公共服務的職責，同時也可以在國家的扶持下，通過郵政專業化經營、開拓新業務、減員增效等，逐步實現收支平衡，提升經營效率，。〔註 45〕

第三，從世界範圍看，70 年代以後開展了郵電體制改革，到 90 年代末，大多數國家已經逐步將郵政和電信分開，電信實現完全的企業化、股份化，而郵政多還是政府控制下的國有企業。郵電分營已經是世界的趨勢。

第四，郵電分營也是適應國家行政機構改革的需要。1982 年起，中國政府行政管理體制經歷了多次大的改革〔註 46〕。1988 年的行政體制改革，第一次明確提出了以轉變職能為重點的改革思路；提出政企分開、黨政分開的原則。1993 年的改革，把適應社會主義市場經濟發展的要求作為改革的目標；由側重下放權力轉向制度創新，轉變職能、理順關係、政企分開，提高改革的廣度和深度。

〔註 45〕 參見李九圜主編：《新世紀中國郵政管理指導全書》（全二冊）上冊，北京郵電大學出版社，2000 年，第 12～14 頁。
〔註 46〕 分別為 1982 年、1988 年、1993 年、1998 年、2003 年、2008 年。

對郵電體制影響最大的是 1998 年的行政體制改革。在這次行政體制改革中，「進行國家政府機構改革」被九屆人大列爲本屆政府的重要改革任務〔註47〕，改革的重點是國務院組成部門。按照「宏觀調控部門、專業經濟管理部門、教育科技文化、社會保障和資源管理部門以及國家政務部門」的四個分類，國務院各組成部門進行了機構調整並重新確定了主要職能。同時，對國務院直屬機構、辦事機構以及部委管理的國家局也進行了相應的調整。國務院部門的「政企分開」取得了突破性進展。一批傳統的工業經濟管理部門和行政性公司、總會被撤銷，並組建由國家經貿委管理的國家局。

正是在這次改革中，國務院決定推進郵電政企分開和郵電分營，撤銷郵電部。在原郵電部和電子工業部的基礎上，組建信息產業主管部門——信息產業部。信息產業部實行政企分開，不直接管理企業；組建國家郵政局，由信息產業部管理。新組建的國家郵政局仍然實行政企合一。

在此情況下，郵電分營已是勢在必行。〔註48〕

此前的 1997 年，郵電部曾經選擇重慶市和海南省作爲試點，進行郵電分營。這次改革廣受行業關注，但總的來說還處於郵電內部的試點、試驗階段，很多人甚至認爲郵政和電信只不過分灶吃飯，上面還是有郵電部這個「老爸」。1998 年 3 月，第九屆人大一次會議後，政府改革如暴風驟雨撲面而來，郵電部被撤銷，郵電分營在全國迅速鋪開。3 月 28 日，國家郵政局正式宣佈成立。6 月 26 日，國務院批准了國家郵政局「三定」規定。這部「三定」規定，明確了國家郵政局的性質：既是行政機構又是公用企業；其職能爲：既要加強對全國郵政行業的管理職能以維護國家利益和用戶權益，又要負責統一建設和經營全國郵政網，承擔全國普遍服務的義務。9 月 9 日，國家郵政局領導班子組成。10 月底，各縣級郵電局的分營完成，11 月底，各地市級郵電局的分營結束，12 月底全國大部分省級郵政局成立。到 1999 年初，郵電分營全部結束，人員、資產、負債全部分開，郵政開始獨立運行。

按照《郵政法》（1986 年）第二條第一款和第二條第二款的規定，〔註49〕

〔註47〕 1998 年，進行了大刀闊斧的國務院機構改革，不再保留 15 個部、委；新組建 4 個部、委；更名 3 個部、委；除國務院辦公廳外，國務院組成部門由原有的 40 個減少到 29 個。

〔註48〕 參見《郵電企業管理》特約評論員：「社會進步推動郵電分營」，《郵電企業管理》，1998 年第 6 期。

〔註49〕 《郵政法》（1986 年）第二條的第一款規定：「國務院郵政主管部門管理全國

郵電分營前，郵電部作爲「國務院郵政主管部門」，各省（區、市）郵電管理局作爲「地區郵政管理機構」，這樣一個完整的行政管理架構，其定位和職能劃分是比較明確的。但是，在郵電分營以後，隨著郵電部和各省級郵電管理局相繼被撤銷，新設立的「信息產業部」和「國家郵政局」，哪一個是「國務院郵政主管部門」，如何行使原郵電部的郵政管理職能，是否存在職能分工。這些問題，當時在行業內部曾經引起爭論。在一些行政執法案件中，也存在爭議。

6.2.3 普遍服務與競爭性服務的矛盾

郵電分營以後，開始獨立運行的郵政企業必須適應獨立地應對市場，獨力地解決經營收入與成本問題。在 80 年代經濟體制改革後，逐步出現了郵政普遍服務與競爭性服務的矛盾。此前，這一矛盾並不是特別突出，但在郵電分營後立即凸顯並且尖銳起來，而且情況也變得更加複雜。

一、郵政普遍服務的概念和特點

「普遍服務」的概念源於電信，由美國最先提出，最初的口號是「家家有電話」，基本思想是要保持居民電話資費足夠低，使得包括低收入家庭和農村地區居民在內的每一個家庭都用得起電話。這個概念迅速得到推廣，郵政、電力、交通運輸等公用領域都結合自身情況提出了「提供普遍服務」的要求。

中國的很多公用性企業其實長期都在做普遍服務的工作，在某種程度上，過去常說的「爲人民服務」，和普遍服務是有切合之處的。但是，到了 20 世紀 90 年代以後，「普遍服務」作爲一個法律概念，才逐漸爲人瞭解、認同並引入立法，比如 2000 年頒佈實施的《電信條例》第四十四條即對電信普遍服務做出了規定。〔註 50〕

在郵政領域，「郵政普遍服務」大體是指以均一的、可負擔的資費，公平地向本國全體公民提供一定質量範圍內的郵政服務。《萬國郵政公約》規定：「各成員國應在其郵政法規內或以其他慣用的形式根據居民的需要和國家的具體情況，制定相關的郵政業務的通達範圍、質量標準和合理的資費」。1984

郵政工作。」第二條的第二款規定：「國務院郵政主管部門根據需要設立地區郵政管理機構，管理各該地區的郵政工作。」

〔註 50〕　《電信條例》第四十四條：「電信業務經營者必須按照國家有關規定履行相應的電信普遍服務義務」。

年召開的萬國郵聯漢堡郵政大會，通過了《漢堡宣言》，申明了郵聯的郵政普遍服務宗旨，呼籲各會員國政府「維持郵政壟斷，以便全體居民平等地使用郵政普遍服務」。1999 年 8 月在北京舉行的第二十二屆萬國郵政聯盟大會，正式將郵政普遍服務納入《萬國郵政公約》。〔註 51〕從性質上來說，《萬國郵政公約》屬於國際法，由中國政府加入並執行，從而成為中國法律的淵源之一。但是，《萬國郵政公約》對於郵政普遍服務始終沒有一個統一的定義，因此各國的郵政普遍服務標準、內容也各不相同。就中國的國內法而言，儘管根據《郵政法》（1986 年）第三條，已經明確了郵政具有的公共服務屬性，郵政企業是「全民所有制的經營郵政業務的公用企業」，〔註 52〕但全法中並沒有關於郵政普遍服務的表述或規定。〔註 53〕

雖然法律沒有規定，但在實踐中，中國的郵政普遍服務基本上有一個比較公認的業務範圍，包括：信函、包裹和印刷品等。就服務對象而言，中國的郵政普遍服務面向全民，但主要集中在農村地區及邊遠地區。1998 年郵電分營以後，國家郵政局所屬 1／3 的職工、2／3 的郵路、3／4 的網點，都是直接為農村邊遠地區提供服務。

此外，郵政企業還按照國家要求，從維護國家安全、保證政權順暢運行、保障弱勢群體權益出發，承擔了大量的政策性業務，包括〔註 54〕：

機要通信，是指專門遞送黨和國家機要文件和機要刊物的業務。

國家規定的報刊發行，主要指黨中央、國務院以及市（地、州、盟）以上地方黨委、政府等國家機關報刊（又稱黨報黨刊）的發行。

〔註 51〕 萬國郵聯北京大會同時制定了《北京郵政發展戰略》（決議 C103/1999），明確：「各會員國政府承諾確保提供郵政普遍服務；保留部分郵政業務由國家郵政服務提供部門專營；建立國家郵政普遍服務補償基金；加快國家郵政通信網基本建設和郵政技術裝備改造；在郵政業務領域內部按執行社會職能和執行商業職能進行業務類別劃分，以便引進市場機制，國家對執行社會職能的郵政基本業務實行扶持政策，國家對執行商業職能的速遞業務實行有限制條件的郵政通信市場行政許可准入制度，逐步有條件開放速遞服務市場。」

〔註 52〕 《郵政法》（1986 年）第三條規定：「國務院郵政主管部門所屬的郵政企業是全民所有制的經營郵政業務的公用企業」。

〔註 53〕 原因是當時郵政普遍服務的提法還沒有引入中國。到 1990 年代中後期，特別是 1999 年萬國郵聯北京大會通過決議，將普遍服務作為《萬國郵政公約》的一部分，郵政普遍服務才作為一個基本概念被確定下來。

〔註 54〕 國家郵政局政策法規司編寫：《中華人民共和國郵政法學習讀本》，北京，法律出版社，2010 年 9 月，第 29 頁。

　　義務兵平常信函。1984 年施行的《中華人民共和國兵役法》第五十二條規定，義務兵從部隊發出的平信，免費郵遞。

　　盲人讀物。根據國務院批轉國家計委等部門《關於中國殘疾人事業五年工作綱要》，自 1989 年 1 月 1 日起，對盲人讀物（印有凸凹點痕的信函、文件、書籍、刊物）平常郵件實行免費寄遞。

　　革命烈士遺物。1951 年 9 月 20 日，《郵電部、軍委通信部關於烈士遺物免費郵寄辦法》規定：「凡革命軍人陣亡（或在職亡故），其生前所有遺物，可以按照本辦法的規定，交由郵局免費郵寄。」〔註55〕

　　上述業務都是郵政企業必須承擔的重要的政策性業務，實行免費或國家規定的低資費。

　　總體上看，中國郵政普遍服務有三個重要特點：

　　一是建設了世界最大規模之一的郵政網絡，保證郵政資源向農村地區合理傾斜。中國郵政局所、代辦點合計 6.3 萬處。其中，設在農村的局所、代辦點 4.4 萬處，占郵政網點總數的 69.84%。郵政儲蓄網點 3.5 萬處。郵件的年投遞總量爲 236 億件。人均函件量達 5.5 件，每百人報刊量爲 11 份。每個局所、服務網點平均服務面積爲 152.9 平方公里，平均服務人口達 2 萬人。郵路總數 2.1 萬條，總長度 337 萬公里，三分之二在農村和邊遠地區。2006 年，郵政企業職工總數爲 72 萬人，其中投遞員 12 萬人。直接爲農村地區提供服務的郵政職工超過職工總數的三分之一。

　　二是實行低廉的郵政業務資費政策。中國平常信函、包裹、印刷品等郵遞類業務的資費是比較低廉的（如：每封信件寄往本地的現行資費是 0.80 元，寄往外地的現行資費是 1.20 元）。國家對郵政基本資費實行嚴格的管理和控制，從建國以來，郵政資費長期保持在較低的水平，這就保證了每一個公民，特別是低收入群體和弱勢人群都能夠平等地使用郵政服務。

　　三是提供了範圍廣泛的郵政普遍服務業務品種。除了信件、印刷品、包裹等萬國郵聯規定的郵政基本業務，中國郵政還承擔著黨報黨刊的發行、機要通信、邊防通信、義務兵信件、盲人讀物和烈士遺物的免費寄遞等諸多政策性業務。尤其是黨報黨刊的發行，占郵發報刊總量的 25% 以上，在某種程度上看，是具有中國特色的、特殊的郵政普遍服務。

〔註55〕郵電部編輯：《郵電法規彙編第一輯（1949～1979）》，北京，人民郵電出版社，1987 年，第 37 頁。

二、郵政企業的虧損，確實有一部分是政策性業務造成的

自 80 年代以來，中國郵政業務量和業務收入年均增長都超過 10%。1998 年全國郵政業務量達 166.2 億元，業務收入達 287.1 億元，分別相當於解放初期的 123 倍和 463 倍。〔註56〕

但是，郵政虧損問題在 1990 年代以後越來越嚴重。1996 年 12 月，全國郵政平均郵資提高了近 150%，但實際上，1997 年郵政實際虧損達 90 億元，郵政總成本支出比 1996 年增加近 160 億元。〔註57〕

1998 年郵電分營時，郵政全行業虧損已經高達 180 億元／年。郵電分營前，郵政的虧損主要通過電信收入補償。郵電分營後，國家曾在前四年給予了共計 170 億元的成本補貼（1998 年 80 億元、1999 年 50 億元、2000 年 30 億元、2001 年 10 億元，簡稱「8531」政策）和 113 億元的建設資金補貼。同時，國家還通過郵政儲蓄業務在政策上以轉存款利差形式對郵政普遍服務進行交叉補貼，但仍無法完全彌補虧損。2003 年開始，國家逐漸減少對郵政的財政補貼，同時，郵政儲蓄轉存款政策調整，交叉補貼相應終止，郵政企業負擔沉重，維持普遍服務水平的困難很大。

郵政企業的普遍服務（政策性業務），是郵政公用性的體現，也是對國家、對公眾的貢獻。客觀地看，郵政虧損，有一部分的確是郵政普遍服務和義務兵免費通信、黨報黨刊發行、機要通信等特殊業務造成的政策性虧損。

中國特殊的地理條件和人口分佈、交通基礎設施情況，造成郵政普遍服務水平地區差距很大，相當多的邊遠鄉村地區地廣人稀、郵件量稀少，交通環境情況複雜，甚至沒有公路，提供普遍服務的成本較高。

以新疆爲例，這個毗鄰國家最多，國界線最長的省級行政區，全區面積 166 萬平方公里，農牧區面積 123 萬平方公里，毗鄰 8 個國家，國境線長達 5600 多公里。少數民族人口比重達 62.4%。全區人口密度爲每平方公里 11 人。地域廣闊，人口稀少，自然條件艱苦，多民族聚居，是新疆的基本特點。全區郵路爲 13.9 萬公里，其中一級幹線汽車郵路 2 條共 2905 公里、一級幹線航空郵路 28 條共 8.9 萬公里；二級汽車郵路 77 條共 1.88 萬公里，二級航

〔註56〕 李九圜主編：《新世紀中國郵政管理指導全書》，北京郵電大學出版社，2000 年，前言部分。

〔註57〕 李九圜主編：《新世紀中國郵政管理指導全書》，北京郵電大學出版社，2000 年，前言部分。

空郵路 5 條 4433 公里；縣以下郵路 1.6 萬公里；另有相當數量的邊防郵路，都是在山地和戈壁中自然形成的便道，縣郵政局距邊防站最遠的距離達 224 公里。在 21 世紀的今天，仍然存有條件十分艱苦的馬班和步班郵路。在這樣的環境下，提供郵政普遍服務，更注重的是社會價值的實現，與國防安全、民族政策、邊疆開發、睦鄰外交、文化交流等息息相關，對經濟價值的考量已經微乎其微。郵政普遍服務在西部地區的重要意義，絕不僅僅是新疆一地的孤例。

按照 2000 年對信函成本的測算（當時每件信函寄外地（外埠）資費是 0.8 元，寄本地（本埠）的資費是 0.6 元），全國平均的信函運遞成本為 1.46 元，在邊遠地區為 17 元。2000 年，在全國 4.8 萬個郵政農村網點中，有 2.4 萬個（占網點總數的 50%）年收入不足 5 萬元，1.6 萬個（占網點總數的 33%）年收入不足 2 萬元，而維持一個農村網點的年均成本是 14 萬元。僅農村網點運營一項，中國郵政每年虧損 30 億元。以地處西南邊疆少數民族地區的雲南省為例，2000 年，該省年收入在 2 萬元以下的農村郵政局所有 713 個，占全省郵政局所的 37%，占全省農村郵政局所的 48%。其中，收入最少的郵政局所年均收入不足 2000 元。而要維持這些局所的正常運轉，每個局所平均成本是 15 萬元，為此每年虧損 1.9 億元。雲南郵政按照國家規定的資費，提供的黨報黨刊發行服務達 50 多種，為此每年虧損 5300 萬元。

和東部相比，中國中西部地區城市化發展水平相對較低，農村基礎設施差，交通條件困難，人口居住分散，郵件量少。這就使郵政普遍服務區域發展不平衡的問題非常突出。東部業務收入占全國郵政企業業務收入的 56%，中部占 30.1%，西部只占到 13.9%。而中、西部農村郵政局所、代辦點分別占 37% 和 29%，農村投遞路線長度分別占 39% 和 26%。

其實，郵政企業的政策性虧損問題是一個長期存在的問題。1998 年郵電分營時，郵政全行業虧損高達 180 億元／年。但在 90 年代郵電分營前，郵政普遍服務的虧損主要通過郵電企業以內部補貼的形式，通過較高的電信收入補償。在這一階段，這個矛盾並不突出。但在郵電分營後，郵政和電信成為兩個獨立的企業主體，郵政普遍服務成本補貼問題立即凸顯了出來。郵電分營時，考慮到郵政的政策性虧損問題，國家制訂了相應的政策，即：從 1999 年～2002 年，國家給予郵政企業補貼共計 283 億元（包括成本補貼 170 億元、建設資金補貼 113 億元）。此後的一些年份，如 2006 年，又單撥了 30 億左

右的財政資金。此外，國家還通過郵政儲蓄政策對郵政普遍服務進行交叉補貼。但是，不能否認，由於複雜的原因，這些補貼政策時有時無，不僅未能完全彌補普遍服務造成的政策性虧損，而且停留在「向國家財政要一筆、花一筆」，「要到錢就算成績」，「有人管財政的錢怎麼來，沒人管財政的錢怎麼花」的粗放境地，始終沒有形成一個有效的補貼撥付、使用、監督、評估機制。

三、郵政企業的經營性虧損問題同樣不能忽視

郵政企業的虧損，主要有三大來源。除了政策性業務和被電信替代等原因以外，不可否認，經營性虧損是重要原因。

郵政企業的經營性虧損的原因很多，但企業僵化，機制落後，市場意識薄弱，官商氣息嚴重，設施設備老化，資金不足等諸多問題都是客觀存在的。綜合起來，可以歸納為幾個方面：

一是管理粗放。

1999 年，郵電剛剛分營，時任國家郵政局局長劉立清就曾經指出：

「企業管理一直是郵政部門的薄弱環節」，「在生產上，工藝流程不科學，勞動組織不合理，存在重複勞動和人浮於事現象；在經營上，不講經營效果，不計成本費用，出現了業務收入增長低於業務量增長的不正常現象；在工程建設上，不按建設程序辦事，超規模、超標準、超概算問題嚴重；在財務上，存在大量跑冒滴漏現象，業務收入流失，成本控制不力，非生產性開支過大，多種經營分流主業，造成費用支出增幅高出收入增幅 30 多個百分點。這些問題的存在，加上一些企業借郵電分營之機突擊花錢，致使 1998 年郵政虧損預計高達 142.3 億元。」〔註 58〕

所謂粗放型管理，在郵政系統，突出表現在「管理不講效益、運行不講成本、投入不講產出」。1990 年～1997 年郵政業務收入和管理費的變化情況，可以為這種粗放型管理模式做一例證。

〔註 58〕 劉立清：「在全國郵政局長座談會上的講話」（1999 年 1 月 17 日），中國郵政年鑑編撰委員會編：《中國郵政年鑑（1999～2001）》，北京燕山出版社，2002 年 8 月，第 28 頁.

表 6-3　1990 年～1997 年郵政業務收入、管理費用增長對比表〔註 59〕

年份	郵政業務收入（萬元）	增長率（%）	郵政管理費用（萬元）	增長率（%）	郵政管理費用占業務收入比例（%）
1990	355169.9	-	47972	-	13.51
1991	480929.9	35	67439	28	14.02
1992	601469	25	98176	45	16.32
1993	823777	37	117455	20	14.26
1994	1141625	38	416343	254	36.47
1995	1476787	29	491701	18	33.3
1996	1793538	17	689000	40	38.42
1997	2730551	52	793378	15	29.06

　　由此表可以看到，從 1990 年～1997 年，每年的郵政管理費用都出現大幅度的上揚，在一些年份遠遠超過了當年郵政業務收入的增長率。郵政管理費用占業務收入的比例，一路提升，最高達到了 38.42%。

　　二是網絡運行效率不高。

　　郵政網絡資源沒有得到充分利用，運行效益比較低，形成業務發展落後於能力增長的局面。一些郵件處理中心分揀設備利用率很低，甚至閒置；全網擁有郵運車輛 3.2 萬輛，平均日運行不足 100 公里，甚至有許多車輛沒有用在生產上；全國有 8.4 萬個郵政支局所，但有些局所設置不合理，功能搭配不當；郵政局房已達 1428 萬平方米，閒置問題比較突出；一些已建成的計算機系統，功能沒有得到很好的利用。〔註 60〕

　　三是郵政業務發展缺乏戰略規劃。

　　中國社會信息化進程加快之後，郵政服務的市場需求發生了很大的變化。1990 年代以後，從社會對郵政服務的要求來看，郵政的當務之急是「提速」，以時限爲主線，加快傳遞速度；按照市場的新要求，提供傳遞時限明確、既有多層次產品體系、又能體現優質優價的服務。但是，由於缺乏郵政業務發展的長期戰略規劃等原因，郵政與市場嚴重脫節，郵政業務無法適應信息

〔註 59〕 李九圍主編：《新世紀中國郵政管理指導全書》，北京郵電大學出版社，2000年，第 7 頁。

〔註 60〕 參見劉立清：「在全國郵政局長座談會上的講話」（1999 年 1 月 17 日），中國郵政年鑒編撰委員會編：《中國郵政年鑒（1999～2001）》，北京燕山出版社，2002 年，第 28 頁.

時代社會經濟發展的新需求。一方面，郵政開辦的業務種類過細過繁，收寄處理手續重複，另一方面，很多業務、特別是一些新辦業務的市場規模不大，分不出重點，也客觀上加劇了管理複雜、效率低下等問題，造成了內部處理成本高，處理和傳遞速度慢。第三，郵政幹線網路的建設十分緩慢，既有網路層次不清、功能分工不明。郵政變得「越來越慢」、「越來越不可靠」。本質上應該「快」而「準」的特快專遞郵件，不但快不起來，使用也很不方便。就連 90 年代以前速度比較快、口碑很好的普通郵件、掛號郵件的寄遞，都成了「慢鴨子」，甚至無法向公眾承諾傳遞時限。在激烈的市場競爭中，郵件寄遞時限與社會需求、用戶感受存在著相當的差距，不僅無法與電信競爭，就連很多民營公司的時限水平都達不到。

四是經營機制的落後，形成了郵政內部多元利益主體，造成了種種經營亂象。

當時，郵政企業也實行了經營考核承包辦法，實行業務收入與工資總額掛鉤，通過考核郵政各個地區的業務收入，主要解決的是郵政收入的再分配。但在實際運行中，在郵政內部形成了多元利益主體、「局部諸侯」，如同一隻無形的手在調控著郵政全網各局部企業的行爲，造成了內部的無序競爭，爲了獲取局部利益而不惜損害全網利益的情況到處可見。〔註61〕

五是郵電分營在一定時期內、一定程度上加劇了郵政經營困難。

雖然郵電分營了，但郵政效益低、經營機制不活的問題不可能立刻得到解決，反而因爲「以電補郵」政策的取消，使一段時間內郵政經營困難問題更加凸顯。分營時，全國郵政總資產 1098 億元，其中固定資產 598 億元；負債 242 億元，負債率 22%；分到貨幣資金 110 億元。〔註62〕很多地區的郵政企業負債高於經營收入。比如貴州省遵義市 12 個縣（市）局有 10 個負債經營，第一個月的員工工資就是靠借債發放的……〔註63〕郵電分營時，全國郵

〔註61〕 集中表現在各地區、各部門跨地域的競相壓價收寄、郵票低面值批銷、集郵收入中泡沫成分多、貸款完成郵政儲蓄年底餘額、業務收入和業務量上的弄虛作假、對通信中發生的質量問題相互推諉、上下互相掩蓋、不報等現象。

〔註62〕 劉立清：《在全國郵政局長座談會上的講話》（1999 年 1 月 17 日），中國郵政年鑒編撰委員會編：《中國郵政年鑒（1999～2001）》，北京燕山出版社，2002 年 8 月，第 27 頁。

〔註63〕 蔡梅、叢秋月：「跨越——貴州省遵義市郵政局郵儲餘額突破『百億』紀實」，《中國郵政報》，2012 年 8 月 16 日，第 4 版。

政職工約 60 萬，其中國有企業職工 39 萬，農話人員 9 萬，費用工、協議工等人員 12 萬。〔註64〕所謂農話人員，即原農村電話工作人員。在郵電分營時，爲了幫助電信「減負」，「輕裝上陣」，有相當大一批文化素質低、年齡大的職工（包括農話人員）被劃到了郵政，使郵政的職工平均年齡偏大、學歷素質偏低、人才資源匱乏的問題非常嚴重。

上述問題，突出反映了郵政經營機制滯後，機制不靈活，改革負擔沉重，對市場經濟嚴重不適應。

和大量的國有企業一樣，在市場機製取代原有的計劃管理體制、中國市場對外開放的格局進一步形成的重要關口，郵政受到了相當大的衝擊。過去的短缺經濟，已經轉變爲通信多元化、市場多元化。但郵政的體制和觀念還停留在計劃經濟時期，沒有建立一套符合市場經濟規律的戰略，政企體制不分，定位不明確，長期處在一種模糊的運作模式中，經濟管理結構、產品結構、生產組織結構都不合理，直接影響到經營效益和社會效益。如果說，在計劃經濟時期，郵政在沒有競爭、沒有替代、通信需求單一的環境下，老體制、老辦法還管用的話，進入市場經濟以後，各種體制性、結構性的矛盾就越來越難以調和、逐步暴露、愈發激化起來。

6.2.4 郵政市場：新的經營主體出現

從 19 世紀以來，大多數國家實行的是「郵政國營」體制。在這種體制下，每個國家的郵政市場基本上只有一個服務者，即帶有主權性質的國家郵政。

進入 20 世紀 60 年代末以後，情況發生了變化。作爲郵政服務的一個分支，快遞服務迅速產生和發展起來，並且由美國、歐洲，高速拓展到全世界。除去通脹因素，全球快遞行業自 2003 年來，營業額實際增長超過 20%，年均增速 4%，高於世界經濟增長的平均速度。2008 年的全球快遞業營業額達 1750 億美元，對世界 GDP 的直接貢獻達 800 億美元，直接解決 130 萬人就業。快遞服務的一大貢獻是幫助世界各地的上下游行業在全球化市場中進行有效競爭，很多行業都因此受益，特別是高科技製造業，IT 和電訊業，醫藥及金融服務業。〔註65〕

〔註64〕 劉立清：《在全國郵政局長座談會上的講話》（1999 年 1 月 17 日），中國郵政年鑒編撰委員會編：《中國郵政年鑒（1999～2001）》，北京燕山出版社，2002 年 8 月，第 27 頁。

〔註65〕 牛津經濟研究院：《快遞業對全球經濟的影響》，2009 年。

中國改革開放以後，融入全球經濟的進程不斷加快，國際貿易和國內貿易活動越來越活躍，「時間的價值」越來越重要，生產、經營和社會活動趨於高效率和快節奏，產生了大量的商務文件、資料、樣品、單證的快速傳遞需求；從運送文件、包裹到運送高科技產品及各類空運商品，快遞服務應運而生。快遞運送的物品具有價值高、重量輕的特點，而且快遞除了定時、有保障以外，還能提供良好的包裝、倉儲、報關物流服務，更能滿足企業的商務需要，在更大可能上實現了社會化分工。因此，從 80 年代以後，中國快遞服務總體規模迅速增長，快遞服務能力提升顯著。

——快遞市場快速發展。1987 年，中國快遞服務業務量僅爲 153 萬件，業務收入約 0.8 億元。經營快遞服務的企業不過數十家（主要是各級郵政企業和一些中外合資的快遞企業）；到 2006 年，中國快遞服務業務量 10.6 億件，是 1987 年的 693 倍；快遞業務收入約 300 億元，是 1987 年的 375 倍。〔註 66〕

——郵政市場多元化競爭的市場格局逐漸形成。2007 年 6 月 29 日，國家統計局、國家郵政局發佈了中國首次快遞服務統計調查。截至 2006 年底，全國經營快遞業務的法人企業爲 2422 家，從業人員 22.7 萬人，2006 年全年完成業務量 10.6 億件，實現業務收入 299.7 億元。其中，國企占 1.7%，有限責任及股份公司占 57.3%，私企占 36.6%，外資及港澳臺企業占 2.4%，其他企業占 2.0%。被調查企業的快遞服務從業人員 22.7 萬人，其中國企占 34.8%、有限責任及股份公司占 31.5%、私企占 9.0%、外資及港澳臺企業占 24.4%、其他企業占 0.3%。國有、民營、外資快遞企業分別實現快遞業務收入 148.4 億元、52.4 億元、98.8 億元，分別占快遞業務總收入的 49.5%、17.5%、33%。國有、民營、外資快遞企業分別完成業務量 61927.5 萬件、28571.8 萬件、15493.6 萬件，分別占總業務量的 58.4%、27%、14.6%。調查結果顯示，快遞服務從業主體呈現多元化趨勢，國有、民營、外資快遞企業多元共存、相互競爭的市場格局已經形成。〔註 67〕

〔註 66〕 國家郵政局：「規範快遞服務適逢其時——祝賀《快遞服務》行業標準出臺」，載於國家郵政局網站，http://www.spb.gov.cn/folder5/folder53/2007/09/2007-09-2550.html，2007 年 9 月 25 日，最後登錄時間：2012 年 11 月 7 日。

〔註 67〕 國家郵政局：「全國首次快遞服務統計調查顯示快遞業呈崛起之勢」，載於中央政府網，http://www.gov.cn/gzdt/2007-07/12/content_681882.htm，2007 年 7 月 12 日，最後登錄時間：2012 年 11 月 7 日。

表 6-4　2006 年部分快遞企業發展情況的統計數據〔註 68〕

企業	資產總量（百萬美元）	運輸工具		網絡覆蓋範圍			員工總數（千人）
		航空運輸工具	地面運輸工具	全球投遞點數〔註 69〕	可達國家和地區數	中國城市覆蓋數	
UPS	32,210	607	94,542	2000	200	200	427.7
FedEx	22,690	677	44,000	43000	220	214	140
DHL	286,218.8	250	60,000	3000	220	318	285
TNT	10,008.4	44	23,400		200	500	139
EMS	14,906.7	11	20,000		200	2000	40
順豐	463	6	2,200	1,300		123	36

6.2.5 「郵政專營」成為導火索

《郵政法》（1986 年）第八條和 1990 年實施的《郵政法實施細則》第四條的主要內容都是對郵政專營權的規定。據此，「信件和其他具有信件性質的物品的寄遞業務」是由郵政企業專營的。〔註 70〕

但在 80 年代以後，率先在沿海、東部地區迅速發展起來的非國有寄遞企業，不可避免地進入了郵政企業的傳統「領地」，開始和郵政搶飯吃。另一方面，伴隨著對外開放引進的國際貨運代理企業（多數有外資快遞大企業背景），涉足重量輕、價值高的進出境信件快遞業務。非國有企業與郵政企業之間的矛盾由此逐漸產生，並帶來相關政府管理部門之間從 80 年代到 90 年代

〔註 68〕數據來源：相關企業網站數據和國家郵政局統計資料。數據口徑可能有不一致情況，但可大致反映各企業發展情況。

〔註 69〕全球投遞點個數，不同公司統計口徑不同。比如 UPS 分 UPS 商店、UPS 營業廳、授權服務點和 UPS 投遞箱等。

〔註 70〕《郵政法》（1986 年）第八條規定：
「信件和其他具有信件性質的物品的寄遞業務由郵政企業專營，但是國務院另有規定的除外。
郵政企業根據需要可以委託其他單位或者個人代辦郵政企業專營的業務。代辦人員辦理郵政業務時，適用本法關於郵政工作人員的規定。」
據此，1990 年實施的《郵政法實施細則》第四條規定：
「未經郵政企業委託，任何單位或者個人不得經營信函、明信片或者其他具有信件性質的物品的寄遞業務，但國務院另有規定的除外。
信函是指以套封形式傳遞的緘封的信息的載體。其他具有信件性質的物品是指以符號、圖像、音響等方式傳遞的信息的載體。具體內容由郵電部規定。」

關於專營權和行業管轄權的長期爭論。

1995 年 6 月 29 日，原對外貿易經濟合作部經國務院批准，公佈了《中華人民共和國國際貨物運輸代理業管理規定》（對外貿易經濟合作部令第 5 號，簡稱「5 號令」），該《規定》第十七條規定：「國際貨物運輸代理企業（簡稱國際貨代企業）可以接受委託，代爲辦理國際快遞業務，但私人信函除外。」這個規定將郵政專營權打開了一個缺口，除了「私人信函」之外，國際貨代企業由此可以經營所有的國際信件寄遞業務。

外經貿部 5 號令使早就存在的矛盾和爭論一下公開化了，必然引起反彈。

1995 年 8 月 23 日，郵電部和國家工商行政管理局發佈聯合通知，加強對特快專遞業務市場的管理〔註 71〕，要求各級郵政行政主管部門和工商行政管理部門保護國家法律規定的郵政企業專營權，對其他企業超範圍經營特快專遞業務的，應根據有關規定予以處罰。

1995 年 11 月 21 日，郵電部又印發通知〔註 72〕，指出：《郵政法》和《郵政法實施細則》明確規定信件和其他具有信件性質的物品的寄遞業務由郵政企業專營，。這一規定，是從國家安全考慮，從維護國家利益和用戶利益出發的。但是，「目前在全國範圍內存在著一些非郵政企業的單位和個人違法經營信件和其他具有信件性質的物品的寄遞業務的問題，特別是一些外商的涉足，不僅極大地干擾了郵政通信市場秩序，嚴重損害了國家利益和用戶利益，而且直接違反了國家關於禁止外商經營管理郵政業務的法律法規和政策。」《通知》要求，認眞貫徹《中華人民共和國郵政法》有關郵政企業專營業務規定，針對郵政通信市場混亂的現象，積極開展清理整頓工作。

針對郵電部的清理整頓活動，1995 年 8 月 28 日，對外貿易經濟合作部印發《關於進一步明確航空快遞業務是國際貨運代理業務的組成部分的通知》〔註 73〕，針鋒相對地提出三個主要觀點：一是外經貿部 5 號令第 17 條已

〔註 71〕 《關於進一步加強特快專遞業務市場管理的通知》（郵部聯〔1995〕317 號）。
〔註 72〕 《郵電部關於認眞貫徹《中華人民共和國郵政法》有關郵政企業專營業務規定進一步整頓郵政通信市場秩序的通知》（郵部〔1995〕787 號）。
〔註 73〕 《對外貿易經濟合作部關於進一步明確航空快遞業務是國際貨運代理業務的組成部分的通知》（外經貿運函字〔1995〕175 號），1995 年 8 月 28 日。
　　　山東省、湖北省、江西省、福建省、遼寧省、大連市、廈門市外經貿委（廳局）：
　　　最近一些省、市郵電局、安全局、公安局、工商行政管理局、海關聯合發文，以維護國家安全和通訊秩序爲名，禁止非郵政部門辦理印刷品、文件資料等

經規定：國際貨物運輸代理企業可以接受委託，代爲辦理「國際快遞，私人信函除外」。「國際快遞業是國際貨運代理業務的一部分」，享有合法經營權。二是國際貨代企業經營的是文件，而不是信函。文件和信函是兩種業務，性質完全不同。國務院授權對外經貿部作爲管理貨運代理業務（包括快遞業務）的主管部門，郵電部門成立的速遞公司也是經外經貿部批准成立的。三是貨代企業所從事的快遞業務不屬郵政專營，已經在郵政法中予以明確的界定。

在外資企業和郵政企業論戰的同時，另一支力量悄然崛起。90 年代初期

的速遞業務，並限期已辦理速遞業務的非郵政單位到地方工商行政管理局辦理注銷登記手續。爲了維護快遞業務的正常進行，現將有關問題通知如下：
一、今年六月份經國務院批准公佈的《中華人民共和國國際貨物運輸代理業管理規定》第 17 條規定：「國際貨物運輸代理企業可以接受委託，代爲辦理下列部分或者全部業務」其中第 4 項就是「國際快遞，私人信函除外」，這個規定進一步明確了國際快遞業是國際貨運代理業務的一部分。凡經外經貿部批准經營國際快遞業務並在國家工商行政管理局登記註冊的企業，均享有合法經營權。
二、一九八六年十二月二日公佈的《中華人民共和國郵政法》第八條規定：「信件和其他具有信件性質的物品的寄遞業務由郵政企業專營，但是國務院另有規定的除外」。貨代企業所經營的快遞業務不包括信件而是商務文件、貿易單證、樣品、小件貨物等。郵政法規定郵政企業專營的是信件和其他具有信件性質物品的寄遞業務，地方郵電局等單位的通知將信件……專營改爲文件……是違反郵政法的，根據《中華人民共和國郵政法實施細則》第四條，對信函的解釋是：「信函是指以套封形式傳遞的緘封信息的載體。」，而從事快遞業務的公司經營的商務文件是可以接受海關開封查驗，因此經營信函和文件是兩種性質完全不同的業務。對外經貿部是國務院授權管理貨運代理業務（包括快遞業務）的主管部門，郵電部門成立的速遞公司也是經外經貿部批准成立的。
三、在我國貨代企業所從事的快遞業務是否屬郵政專營的問題，八十年代初有過爭論，後反映到人大立法委員會。人大立法委員會通過廣泛的調查，聽取各方的意見，最後在郵政法中予以明確的界定，海關總署一九八五年二月二十五日公佈了「中華人民共和國海關對進出口快遞物品監管辦法」，一九八六年十二月二十四日國家工商行政管理局（86）工商辦字第 76 號文指出：「關於劃清郵政和航空貨運速遞業務範圍的問題，應以郵政法第八條的規定爲準。」這些法律和文件使這場歷時五、六年的爭論告一段落。現在有些地方又舊話重提，把本來明確了的問題又複雜化了。根據現行法律法規，目前我們一是要做好宣傳工作，二是會同有關部門整頓貨運代理市場。對航空貨運快遞業務要加強管理，凡是經外經貿部批准的國際貨運代理企業，要遵紀守法，保守國家機密，提高服務質量，做好本職工作。
請你們接到本通知後，向當地人民政府彙報，對從事快遞業務單位的合法權益要給予支持和保護，使之更好的爲我國對外經貿活動服務。

起，一批民營企業在長三角和珠三角地區開始專門從事專遞「商業文件」的經營活動，開始只是相對簡單的同城業務，然後是兩個城市之間、同一經濟區域間、跨經濟區域間，最後越做越大，擴展到了全國主要大城市和經濟發達地區。這些民營企業的經營範圍也在《郵政法》的邊緣游離，其遞送的雖然名爲文件，其實都是商務性的信件、單據等，而且也無數次地被郵政部門和工商部門等以「違反《郵政法》、侵犯郵政專營權」的名義查處罰款。但是，在「你捉我藏、你走我來」的模式下，在偷偷摸摸的狀態中，民營企業如同野草春風，在短期內迅速蔓延，企業數量大量增長。一些企業，最初只是幾個人、一部電話、幾輛自行車起家，10餘年時間就發展到10多億元的營業規模。順豐、申通、圓通、韻達、中通、全一、天天等成規模的民營企業品牌逐漸形成。

此時，郵政專營制度已經遭到了來自內資和外資的雙重壓力。《郵政法》（1986年）及其實施細則在頻繁適用以維護郵政專營權的同時，也越來越受到頻繁的質疑。尤其是在郵政企業特快專遞業務的服務質量、投遞時效、管理水平等明顯下降，滿足不了商業、貿易發展的情況下，郵政的執法行爲更是被民營、外資企業視爲「行政壟斷」。要求「修改《郵政法》，打破壟斷」的社會輿論越來越有影響力。

6.3 曲折複雜的修法之路

由於《郵政法》（1986年）是在計劃經濟年代以政企合一爲基礎制定的。隨著中國社會主義市場經濟的發展，以及加入世貿組織以後的新形勢，快遞市場面臨開放的壓力，而且郵政企業逐步市場化，其政策性業務需要法律予以規定和保障。《郵政法》（1986年）越來越不適應時代發展的要求。1999年，國家郵政局成立不久，即著手修訂《郵政法》，並將其列爲最重要的工作之一。

6.3.1 最初的修法目的

國家郵政局修改《郵政法》，最初的目的主要是建立郵政普遍服務機制，確定國家對郵政普遍服務的補償和扶持，從而減輕郵政經營壓力，適當地補償郵政虧損。同時，根據建立市場經濟以後的新情況，儘量爭取社會相關方面對郵政普遍服務、郵件運輸、新業務開辦、投資項目等方面的支持，創造

一個良好的發展環境。另外，隨著社會的發展，公民維權意識提高，在郵政服務中關於服務標準、損失賠償等方面的法律糾紛越來越多，在處理時存在很多模糊的地方，尤其是發生訴訟時究竟是適用民法還是適用郵政法，在司法實踐中也有很多不一致的地方。所以，也想通過《郵政法》的修訂，進一步從立法角度予以明確。

但是，在修法的過程中，情況發生了變化。除了郵政普遍服務機制的建立以外，在很長一段時間裏，專營成了最大的焦點，這也成為《郵政法》修訂歷時 10 年，遲遲不能出臺的主要原因。

6.3.2 利益競爭影響修法進程

1999 年，也就是郵電分營後的第二年，國家郵政局組建並獨立運行不久，即正式啓動《郵政法》修訂。此時，郵政行業面臨的內外形勢直接影響到了修法進程。

一、中國加入 WTO 的步伐加快，給郵政帶來的是機遇，但也有挑戰

1999 年底，中國政府與美國政府達成入世問題雙邊協議。中國加入世貿組織，已經是時間上的問題了。可以預見，加入 WTO 將爲信息服務、物品流通領域帶來更多商機，給中國郵政業帶來很多機遇，帶動相關業務的發展，也爲中國郵政參與國際競爭提供了機會。但是，很明顯，入世後，國內市場進一步開放，更多的外國企業和資本進入國內市場，中國經濟進一步融入世界經濟體系，國內企業將面臨外國公司強有力的挑戰。就郵政領域而言，外資快遞公司將憑藉資金和技術的優勢展開激烈競爭。相比之下，中國郵政的速遞業務（EMS）結構單一、管理機制不靈活、經營方式粗放。在國際快遞業務方面，自 80 年代以來，UPS、FedEx、DHL、TNT 等 4 大快遞公司，已經佔據了中國國際快遞業務 80%的市場份額，EMS 幾乎被擠出了國際快遞市場。在國內快遞市場，EMS 的市場份額曾經高達 97%，但從 1995 年起以每年4%的速度衰退。中國郵政的管理者感受到強烈的危機，「如不採取有效應對措施，已經擁有的市場份額有可能會繼續下降。」〔註 74〕

〔註 74〕 劉立清：《在全國郵政工作會議上的講話》（2000 年 1 月 17 日），中國郵政年
　　　　 鑒編撰委員會編：《中國郵政年鑒（1999～2001）》，北京燕山出版社，2002
　　　　 年 8 月，第 41 頁。

二、科技發展給郵政注入了活力，但也造成相當大的衝擊

90 年代以後科學技術特別是電信技術的發展，帶動社會出現了一些新需求，豐富和拓展了郵政信息傳遞、物品運送、資金流通等「三大功能」的內涵和外延。郵政得以利用得天獨厚的經營優勢，利用已有的網絡優勢、投遞優勢，結合新興的信息技術，開發出新型業務和服務。但是，信息技術的迅猛發展，也使得傳統郵政不適應社會經濟發展的迹象越來越明顯。從 1999 年的情況來看，由於社會信息傳遞渠道增加，信函業務持續下降，市場進一步縮小；郵政 EMS 傳遞時限慢、查詢難，市場份額下降，用戶的批評和不滿越來越多；由於商業銀行應用網絡技術，實現了異地存取，加上「綠卡」功能單一，郵政儲蓄的優勢逐漸弱化。這些現象表明，郵政的業務、服務存在被取代的危險。這種替代，更加劇了郵電分營後郵政經營的困難。

三、國企改革進入攻堅階段，增加了郵政企業「扭虧」的緊迫性

中共十五大和十五屆一中全會提出：用三年左右的時間，使大多數國有大中型虧損企業脫困，力爭到 20 世紀末大多數國有大中型骨幹企業初步建立現代企業制度。1999 年 9 月召開的中共十五屆四中全會通過了《中共中央關於國有企業改革和發展若干重大問題的決定》，提出盡最大努力實現國有企業改革和脫困的三年目標。而且要從戰略上調整國有經濟佈局，堅持有進有退，有所爲有所不爲，提高國有經濟的控制力。〔註75〕

這一年，在「三年國企脫困」的目標之下，國家對國企改革的力度前所未有，對國企改革和發展做出了進一步部署，出臺一些配套性政策措施，通過一系列宏觀政策爲國企改革和發展營造了一個較好的外部環境。同時，國企改革步伐加快也使郵政部門感受到巨大的壓力。按照中央的要求，2000 年是實現國企改革和發展「三年兩個大多數」目標的最後一年，而郵政三年扭虧的目標是從 2000 年起算，本身就比國企改革的總體目標滯後了一年。在「國企全面扭虧」的大環境下，似乎郵政部門長期虧損已經爲客觀形勢所不允許，

〔註75〕1999 年 9 月召開的中共十五屆四中全會通過的《中共中央關於國有企業改革和發展若干重大問題的決定》，提出盡最大努力實現國有企業改革和脫困的三年目標。而且要從戰略上調整國有經濟佈局，要同產業結構的優化升級和所有制結構的調整完善結合起來，堅持有進有退，有所爲有所不爲，提高國有經濟的控制力。國有經濟要在關係國民經濟命脈的重要行業和關鍵領域占支配地位，其他行業和領域，可以通過資產重組和結構調整，集中力量，加強重點，提高國有經濟的整體素質，積極探索公有制的多種有效實現形式。

郵政部門當時也感到其巨額虧損必須要有一個好的解決，要與中央關於國企三年扭虧的路線保持基本一致，不能拖全國國企改革進程的後腿。〔註 76〕儘管很多人心裏其實很清楚，以當時郵政的真實情況，所謂三年扭虧根本是一個口號。但社會環境和政治要求，決定了「實事求是」的艱難。即使是口號，也要以「大躍進」的方式完成。中國企業改革的腳落實地，有時候必須讓位於政治過硬。

在郵電部時期，對於信件專營的社會矛盾還不是很突出。整個 80 年代和 90 年代中前期，儘管有爭議、有衝突，但利益衝突並不特別激烈。這其中的原因，部分由於此時的郵電企業「財大氣粗」，對信件專營的利益並不是特別看重，部分由於其他非郵政寄遞企業實力還比較弱，在市場中所佔份額還不算大。

1998 年郵電分營後，隨著經營難度增大和扭虧任務的壓力加大，郵政企業日漸看重郵政專營制度，特別是郵政專營特快專遞信件可能帶來的巨大利潤，越來越不滿於其他企業對郵政專營業務領域的蠶食和侵奪。《郵政法》的修訂，逐漸進入到一個特定軌道，「拿回郵政專營權」在修法的主要目的中的分量也越來越重。

6.3.3 相互衝突的觀點

因為背後代表的利益不同，在《郵政法》修改時，各相關方圍繞幾個問題進行了激烈的爭論：

一是郵政專營制度還有沒有必要保留。

有觀點認為，信件已經不是主要的通信方式，而且商務文件和信件也有很大區別，甚至提出「只有私人信件才是信件」，「商業文件就不是信件」，如果郵政企業繼續擁有「商業文件」的專營權，只會造成限制競爭、阻礙商業發展的結果。

但是，上述觀點並未成為主流。多數部門的意見還是同意保留專營權，認可通過交叉補貼的方式，以城市、發達地區的信件業務盈利來補貼西部邊遠地區的郵政普遍服務。而且，信件和具有信件性質的物品仍是信息的重要

〔註 76〕劉立清：《在全國郵政工作會議上的講話》（2000 年 1 月 17 日），中國郵政年鑒編撰委員會編：《中國郵政年鑒（1999～2001）》，北京燕山出版社，2002 年 8 月，第 41～42 頁。

載體，與國家安全密切相關。世界大多數國家也是保留了郵政專營制度的。

二是郵政 EMS 是否應該享受信件專營。

普通信件由郵政企業專營，社會各方面基本沒有異議。但對於利潤豐厚的快遞信件，如果也由郵政 EMS 來專營，爭論的聲音就相當激烈了。

一種觀點認爲，信件專營權是對郵政普遍服務的補償措施，是國家賦予郵政企業的特殊權利，類似郵政普遍服務業務的其他政策待遇（如土地劃撥、稅收減免、交通優先、使用郵政專用標誌等等）。信件專營包括了所有的信件，無論「快信」還是「慢信」，差別只是傳遞速度，但不能改變信件的本質屬性。而且，郵政法是針對所有信件，規定了郵政專營，沒有規定「慢信」能專營，「快信」就要實行市場開放。

另一種觀點認爲，市場競爭性的快遞業務和公共性產品的郵政普遍服務不能混淆，更不能以信件由郵政專營爲藉口，把競爭性的快遞業務夾藏在普遍服務之中，「以達到進一步固化和擴大壟斷快遞業市場、逼迫民營快遞企業出局和衰亡的目的」。如將速遞信函交給郵政速遞公司（EMS）專營，事實上造成市場競爭的不平等。而且，EMS 既經營專營業務又經營競爭性業務，在管理體制、機制上也難以協調一致。即使 EMS 眞的專營速遞信函，其實現盈利也比較困難。因爲《郵政法》的修訂思路明確規定了專營業務實行政府定價，速遞信函專營後，其資費難以按市場需求自行調控，要想盈利就受到很大制約。同時，由於專營使消費者沒有了選擇其他速遞企業的權利，郵政企業就要滿足社會對速遞信函的服務需求，速遞信函就帶有普遍服務的性質，EMS 的社會責任加大，成本大幅度上升，專營可能失去了本來的目的。

三是郵政專營的範圍如何確定。

當時（1990 年代末到 2005 年以前），世界上主要有三種專營模式：

（1）部分發展中國家採用的「按重量確定專營」模式

如馬來西亞：對 2 公斤以內信件及與信件相關的附帶業務實行專營管理。越南：2 公斤以內的信函由郵政企業專營。巴西：2 公斤以下的信函、明信片、大宗郵政、電報由巴西郵政公司專營。

（2）美國爲代表的「按資費確定專營」模式

美國郵政對信件的專營原先沒有限制。自 1970 年代私營速遞出現之後，《美國私營速遞條例》在私營速遞的壓力下對郵政專營範圍做了一些限制。該《條例》規定，符合規定時限標準並且單件資費高於 3 美元以上或高於美

國郵政一類函件（優先函件）郵資 2 倍以上的郵件爲速遞快件，屬於郵政專營的例外。

（3）以歐盟爲代表的「重量+資費」的模式

根據歐洲議會及理事會 1997 年 12 月 15 日第 97／67／EC 號指令《關於發展歐共體郵政服務內部市場及改進服務質量共同規則的指令》（以下簡稱 1997 年歐盟指令）規定，從 1997 年～2002 年 12 月 31 日，將「重量 350 克以下且 5 倍基本郵資以內的信函」作爲歐盟國家的指定經營者（主要是各國的國家郵政）的保留領域（即專營業務）。

根據歐洲議會及理事會 2002 年 6 月 10 日第 2002／39／EC 號指令《修正關於進一步加強歐共體郵政服務競爭的指令》（以下簡稱 2002 年歐盟指令）的規定，從 2003 年 1 月 1 日～2005 年 12 月 31 日，郵政保留領域（專營）範圍下調爲：重量 100 克以下且 3 倍基本郵資以內的信函。從 2006 年 1 月 1 日～2007 年 12 月 31 日，再次下調爲：重量 50 克以下且 2.5 倍基本郵資以內的信函。2009 年，完全放開郵政保留（專營）領域。

（4）以日本爲代表的「許可管理」模式

1947 年修訂的《日本郵政法》規定：「禁止除郵政以外的任何人從事信件寄遞業務」。2002 年，日本郵政體制改革後，撤銷郵政省，在總務省之下設立郵政行政管理局，制定施行了《日本郵政公社組織法》，將原郵政省的主體改組爲國家郵政事業法人——日本郵政公社。制定施行了《私營信件遞送法》，決定放開信函市場，取消專營，實行許可證制度：（一）對經營一般信件業務的實行一般許可。（二）對經營特定信件業務的實行特殊許可。〔註77〕民間遞送企業依其經營項目分爲從事一般遞送業務的全國進入型、從事特定遞送服

〔註77〕一般信件業務，是符合下列所有條件：1.遞送長、寬、厚各 40 公分、30 公分及 3 公分以下，並且重量在 250 克以下的信件；2.國內的信件從寄出日起 3 日內（節假日、休息日及其規定日不算）特殊地域不超過 2 星期投遞的信件。經營一般信件業務必須符合下列所有條件：1.必須在全國設置 10 萬個信筒。2.每週投遞天數不少於 6 天。3.實行全國均一資費。否則，不得經營一般信件業務。這一規定保證了日本郵政實上的信函專營。
特定信件業務是指符合以下條件之一的信件業務：1.遞送長、寬、厚的合計超過 90 公分、或重量超過 4000 克的信件；2.寄出信件後 3 個小時以內將信件送達；3.其資費不低於 1000 日元範圍但超過總務省規定的資費標準。經營特定信件業務的准入條件是：1.其業務計劃符合保護信件的秘密；2.除前條之外，具備確切的展開業務之計劃；3.具備確切的開展業務的足夠的能力。

務（如快遞）的特定服務型和外國遞送企業法人型三大類型。所有三種類型的民間信件遞送企業必須符合本法規定的准入條件，經過申請和經負責郵政行政管理工作的總務大臣批准並領取郵政業務經營許可證後，方可在日本國境內從事合法的寄遞業務活動。例如，申請從事全國性一般信件寄遞業務的民間遞送企業必須具備在全國設置 10 萬個信筒的前提條件；申請在日本國境內從事遞送活動的外國企業法人，必須符合持有由國籍國頒發的在國籍國從事信件寄遞業務的行政許可證並與具有日本國籍的民間信件遞送企業簽訂合作協議書兩個條件。

在中國《郵政法》修法過程中，圍繞「郵政專營範圍多大爲宜」，社會非常關注。事實上，從某種角度來看，郵政專營的範圍就是非郵政企業可以經營的邊界。郵政專營範圍越大，自然非郵政企業可以分到的份額就越小。期間，以「《郵政法》新動向」，「《郵政法》第××稿規定專營範圍」等爲題的新聞報導和意見觀點層出不窮。專營制度的改革究竟是按單一重量，還是按「重量+資費」模式，也是眾說紛紜。至於專營重量是定在「500 克」、「350克」、「200 克」還是「150 克」、「100 克」，更是成了《郵政法》修訂中的敏感問題。就此問題，國務院法製辦和相關單位多次到上海、廣東等民營快遞企業較多的省市調研，聽取企業意見，但始終無法達成一致。一些企業和專家紛紛向立法相關部門上書致函，主要意見是：民營快遞事實上已經長期經營信件快遞業務，儘管對法律層面的專營規定的理解和執行存在各種各樣激烈的爭議。如果「擴大」郵政專營範圍，限制民營企業，可能出現國內信件快遞市場的供求關係發生重大的失衡，引起快遞業的不穩定，郵政企業的服務能力是否能滿足市場需要也是一個疑問；郵政專營範圍應限制在私人信函，商業信件屬於市場競爭型業務，應放開經營；過大的專營範圍，會造成大批民營快遞從業人員被迫下崗；還會限制消費者的選擇權，帶來消費者的不滿；與國際上開放市場，縮小郵政專營範圍的做法相違背；此外，過大的專營範圍在立法後的執行效果也不會好，會加大執法成本，造成絕大多數民營企業爲了繼續經營而「不得不違法」。

四是「信件和具有信件性質的物品」應該如何定義。

追根溯源，這個問題其實也與郵政專營的範圍有關係。《郵政法》（1986年）第八條規定：「信件和其他具有信件性質的物品的寄遞業務由郵政企業專營」，第四十一條第二項對信件的含義作出解釋「信件：指信函和明信片」。

1990 年《郵政法實施細則》第四條第二款對「信函」做出了解釋：「信函是指以套封方式傳遞的緘封的信息的載體。」但對「什麼是具有信件性質的物品」，主要採取了「授權解釋」的方式，即：「其他具有信件性質的物品是指以符號、圖像、音響等方式傳遞的信息的載體。具體內容由郵電部規定。」

　　1996 年 1 月 26 日，根據《郵政法實施細則》第四條的授權，郵電部發佈了《關於「信件和其他具有信件性質的物品」具體內容的規定的通告》。通告提出：

　　「信件包括信函和明信片。

　　信函是指以套封形式傳遞的緘封的信息的載體，具體內容包括：（1）書信；（2）各類文件；（3）各類單據、證件；（4）各類通知；（5）有價證券。

　　明信片是指裸露寄遞的卡片形式的信息載體。

　　具有信件性質的物品是指以符號、圖像、音響等方式傳遞的信息的載體，具體內容包括：（1）印有「內部」字樣的書籍、報刊、資料；（2）具有通信內容的音像製品、計算機信息媒體等；（3）郵電部規定的其他具有信件性質的物品。」

　　對此，當時的部分政府部門和外資、民營企業認為，郵電部的解釋過於寬泛，將很多不屬於信件的業務也收入信件定義中，實際上是擴大了郵政專營的範圍。對外貿易經濟合作部《關於進一步明確航空快遞業務是國際貨運代理業務的組成部分的通知》（外經貿運函字〔1995〕175 號）就強調：「今年六月經國務院批准公佈的《中華人民共和國國際貨物運輸代理業管理規定》第 17 條規定：『國際貨物運輸代理企業可以接受委託，代為辦理下列部分或者全部業務』其中第 4 項就是「國際快遞，私人信函除外」，「一九八六年十二月二日公佈的《中華人民共和國郵政法》第八條規定：『信件和其他具有信件性質的物品的寄遞業務由郵政企業專營，但是國務院另有規定的除外』。貨代企業所經營的快遞業務不包括信件而是商務文件、貿易單證、樣品、小件貨物等。郵政法規定郵政企業專營的是信件和其他具有信件性質物品的寄遞業務，地方郵電局等單位的通知將信件……專營改為文件……是違反郵政法的，根據《中華人民共和國郵政法實施細則》第四條，對信函的解釋是：『信函是指以套封形式傳遞的緘封信息的載體。』，而從事快遞業務的公司經營的商務文件是可以接受海關開封查驗，因此經營信函和文件是兩種性質完全不同的業務。」

意見對立的雙方競相引用作爲自己最有力的論據的，是同一部法律中的同一條款，即《郵政法》第八條第一款。

只不過，對郵政部門而言，著重強調第八條第一款的前半部分，堅持「信件和其他具有信件性質的物品的寄遞業務由郵政企業專營」，認爲無論「私人信函」還是「公務信函」、「商務信函」都屬於通信的範疇。外經貿部第 5 號令是一個關於貨物運輸代理業務的規章，外經貿部在其中加進管理通信業務的內容，是明顯的越權。而且，《郵政法》是全國人大常委會通過的法律，5號令只不過是一個部門規章，法律效力較低，也無權制訂與法律相牴觸的規定。況且，按照《郵政法》和《郵政法實施細則》的規定，對郵政法的部分條款進行解釋，是「國務院郵政主管部門」負責的事項，並不是外經貿部的職權。《郵政法實施細則》明確規定：「信函是指以套封形式傳遞的緘封信息的載體」。可見，只要是同時具備「套封形式傳遞」、「緘封」、「信息載體」這幾大特徵，無論什麼「私人信函」還是「公家信函」，也不管「快遞信函」或是「普通信函」，都是「信函」，都屬於《郵政法》及其實施細則規定的郵政專營業務範圍。

而外經貿管理部門則抓住第八條第一款的後半部分對自己有利的內容，反覆重申「5 號令是經過國務院批准的」，對國際快遞中非私人信函業務的放開闢法有據，屬於《郵政法》第八條後半段規定的「但是國務院另有規定的除外」。

《郵政法實施細則》是國務院法規，《國際貨物運輸代理業管理規定》是「經國務院批准」的部門規章，也同屬於國務院法規。「法規打架」，加劇了信件定義問題、專營問題久拖不決，相互扯皮。

直到 2002 年 5 月 29 日，國家郵政局提請國務院對《中華人民共和國國際貨物運輸代理業管理規定》第十七條「私人信函」作出解釋。2002 年 7 月 4日，國務院辦公廳函覆（國辦函〔2002〕66 號）：「《中華人民共和國國際貨物運輸代理業管理規定》第十七條中的『私人信函』是指各類文件、通知以及非私人屬性的單據、證件、有價證券、書稿、印刷品等以外的書信。」〔註78〕

〔註78〕 《國務院辦公廳關於〈中華人民共和國國際貨物運輸代理業管理規定〉第十七條中「私人信函」解釋的覆函》（2002 年 7 月 4 日，國辦函〔2002〕66 號）郵政局：
你局《關於提請國務院對〈中華人民共和國國際貨物運輸代理業管理規定〉第十七條「私人信函」作出解釋的請示》（國郵〔2002〕262 號）收悉。經國

　　五是郵政局能否公平、公正對待非公企業。

　　鑒於當時的郵政局仍然實行「政企合一」的體制，集裁判員和運動員為一身。一些社會意見擔心，這種制度安排，勢必影響郵政局在制定市場准入制度、申辦和審批許可證、以及行政執法等方面的公正性。有人提出質疑：在政企合一的制度下，存在嚴重利害關係和矛盾衝突的一方當事者，卻負有市場監管執法的職責，不太可能為未來非公快遞企業的發展，打造公平、公正、廉潔、高效的法律環境。

6.3.4 「維護壟斷」，還是「依法保護專營」

　　2002 年 4 月 17 日，在國家郵政局建議稿的基礎上，信息產業部將《郵政法》修改稿提交國務院。同年，《郵政法》列入國務院立法計劃。經過幾年的努力，此時的《郵政法》修訂草案已經有了基本的框架，準備確立四項重要的制度：一是郵政普遍服務的保障制度，二是信件快遞市場的准入制度，三是郵政安全的監管制度，四是按重量標準確定郵政專營範圍。

　　然而，此後《郵政法》的立法進程並不順利，有很多內容，如郵政普遍服務的補償機制，需要與各相關部門取得共識，拿出符合國情、切實可行的方案；郵政未來的管理體制如何規定，需要與郵政體制改革相互銜接；郵政安全機制的建立，需要綜合考慮國情，並與加入 WTO 後的新形勢相適應。

務院批准，現函覆如下：

《中華人民共和國國際貨物運輸代理業管理規定》第十七條中的「私人信函」是指各類文件、通知以及非私人屬性的單據、證件、有價證券、書稿、印刷品等以外的書信。

附：《國家郵政局關於提請國務院對〈中華人民共和國國際貨物運輸代理業管理規定〉第十七條「私人信函」作出解釋的請示（2002 年 5 月 29 日，國郵〔2002〕262 號）

國務院：

1995 年國務院批准的《中華人民共和國國際貨物運輸代理業管理規定》（下簡稱《貨代規定》）第十七條規定，「國際貨物運輸代理企業可以接受委託，代為辦理下列部分或者全部業務…（四）國際快遞，私人信函除外」。

《中華人民共和國郵政法實施細則》第四條規定，「信函是指以套封形式傳遞的緘封的信息載體…，具體內容由郵電部規定」。我局認為，《貨代規定》中的「私人信函」是指：在封套上注有公民個人姓名和地址的信函。外經貿部對此有不同意見，認為此解釋不能區分私人信函和商業文件。

因對「私人信函」的不同的理解，造成了信件寄遞市場的混亂，影響了清理整頓工作的正常進行。根據《國務院辦公廳關於行政法規解釋權限和程序問題的通知》的有關規定，特提請國務院對「私人信函」作出解釋。

對於此次修法的複雜性，包括國務院法制部門、全國人大常委會相關工作部門等在內的很多參與者都承認，是「沒有預料到的」。這種複雜性主要體現在幾個方面：

一、涉及面廣。比如，在服務主體和對象方面，涉及郵政企業、其他快遞企業、用戶、居委會、村委會、物業管理機構等；在爲普遍服務提供支持和保障方面，涉及各級政府以及發展改革、財政、稅務、公安、建設、國土資源等多個部門；在監督管理方面，又涉及到信息產業、安全、工商、商務、海關、民航、鐵道、交通等部門。協調難度較大。

二、利益關係直接。在郵政法適用範圍，特別是信件專營範圍上，直接涉及郵政企業和大量非郵政企業的經濟利益，也直接涉及通信和信息安全的國家利益。意見尖銳對立。

三、敏感性強。在政策把握上，涉及郵政體制改革、入世承諾和中國投資環境。社會各方面和廣大用戶非常關心，國際上，特別是歐盟、美國等也都對《郵政法》修改高度關注。WTO 對華貿易政策審議和中美商貿聯委會連續多年將《郵政法》修改列入議題。

最大的難點還是郵政專營，各方爭執不下，直接影響了修法進程。與之相交織，出現了三個事件：

一是郵政部門加強了對郵政專營權的行政保護。

按照《郵政法》和《郵政法實施細則》的授權，從省郵政局到各市、縣郵政局，逐級建立了郵政執法隊伍，履行郵政行業管理職能。〔註 79〕當時，郵政行業管理職能的重點是三個方面：一是維護郵政專營權，以行政手段嚴禁非郵政公司經營信件和具有信件性質的物品的寄遞業務，打擊假冒郵政EMS 攬收快件業務的行爲。二是嚴格執行國家標準及行業標準，加強對郵政用品和定點生產單位的管理。三是規範集郵市場經營行爲，嚴厲打擊集郵市場中的製假、販假等違法行爲。〔註80〕

〔註79〕 《郵政法實施細則》第二條規定：「中華人民共和國郵電部（以下簡稱郵電部）是國務院郵政主管部門，管理全國郵政工作。各省、自治區、直轄市郵電管理局（以下簡稱郵電管理局）是地區郵政管理機構，管理該地區的郵政工作。」第三條第一款規定：「市、縣郵電局（含郵政局，下同）是全民所有制的經營郵政業務的公用企業（以下簡稱郵政企業），經郵電管理局授權，管理該地區的郵政工作。」

〔註80〕 參見李九圍主編：《新世紀中國郵政管理指導全書》（全二冊）上冊，北京郵

　　而上述郵政行業管理職能中權重最高的是第一項，也就是所謂「郵政行業管理的核心是維護郵政專營權」，「其他的郵政行業管理都是這兩項專有權的派生。」在郵政政企合一的條件下，「行業管理實際具有排除市場障礙的性質」，對於侵犯郵政專營權的任何行為「都可視為對郵政市場秩序的破壞」。《郵政法》第八條和第九條關於郵政專營權的規定「既是郵政行業管理的依據，也是郵政行業管理的核心內容」。〔註81〕

　　理解以上內容非常重要，因為它集中反映了當時郵政內部對行業管理和專營的認識，正是基於此，在某種程度上，「郵政行業管理的職權」實際演變成了「對郵政專營的維護權」，郵政部門和郵政執法隊伍也由此開展了一系列「執法」活動。郵政的「政」的其他方面（即政府除了行政執法以外的其他職能，如政策、法規、標準等）越趨弱化。而這在政企合一的條件下很難避免，兩位一體的機構在對「自身企業利益」與「法定行政職權的公正」做權衡的時候間，幾乎無例外地會傾向於前者。〔註82〕

　　二是出現通過地方性法規規章確定甚至擴大郵政專營範圍問題。

　　在 1980～1990 年代的郵電部時期，各地以地方性法規規章的形式，制定了一批郵政（郵電）法規規章，其主要內容多是加強地方對郵政（郵電）工作的支持，打擊盜竊、破壞郵政（郵電）設施的違法行為。〔註83〕到 2000 年以後，隨著《郵政法》越來越不適應發展的要求，特別是郵政專營問題日益激烈，很多地方陸續又制定（修訂）了一批郵政法規規章，比較有特點的有《雲南省郵政條例》、《天津市郵政專營管理辦法》、2003 年頒佈的《浙江省郵政專營管理辦法》（浙江省人民政府令第 167 號）等。這批郵政地方性法規規章的主要內容也發生了變化〔註84〕，即：一是強調地方政府給予郵政普遍服

　　　　電大學出版社，2000 年，第 34 頁。
〔註81〕李九圓主編：《新世紀中國郵政管理指導全書》（全二冊）上冊，北京郵電大
　　　　學出版社，2000 年，第 34 頁。
〔註82〕這種情況，直到政企分開後才變化，重組後的國家郵政局開始「作回政府」。
〔註83〕據不完全統計，截止 1996 年 8 月，全國共有 25 個省區市制定了 29 件郵電（郵
　　　　政）地方性法規，有 5 個省區市制定了郵電（郵政）地方政府規章。另有一
　　　　些省會市，如廣州、武漢、瀋陽市的人大或政府也制定了郵政地方性法規。
　　　　參見李國斌、楊少麗：「促進郵政事業依法發展──紀念《郵政法》頒佈實施
　　　　10 週年」，《中國郵政》，1997 年第 1 期。
〔註84〕參見陳昭政：「維護專營利劍出鞘──解析《浙江省郵政專營管理辦法》，載
　　　　於 http://www.chinapostnews.com.cn/b2009/568/05680601.htm，最後登錄時間：
　　　　2012 年 11 月 13 日。

務的扶持政策；二是維護郵政專營權；三是授權郵政行業管理部門對違反郵政專營行爲進行管理和處罰。〔註85〕

在地方立法的過程中，有一個傾向特別値得注意，即通過地方立法擴大郵政專營權的問題。例如 1999 年 10 月 1 日起施行的《邯鄲市郵政管理辦法》（邯鄲市人民政府第 79 號令）第二十四條規定：

「除國務院另有規定的外，下列郵政業務由郵政企業專營：

（一）信函、明信片和其他具有信件性質的物品的寄遞；

（二）普通郵票的銷售和集郵品的製作；

（三）郵政編碼簿（圖集）和其他形式的郵政編碼資料的編印、發行；

（四）用於郵政業務的其他有價票證的發行、銷售；

（五）郵發報刊的徵訂、發行；

（六）法律、法規規定由郵政企業專營的其他業務。」

上述各項中，「普通郵票的銷售和集郵品的製作」、「郵政編碼簿（圖集）和其他形式的郵政編碼資料的編印、發行」、「用於郵政業務的其他有價票證的發行、銷售」、「郵發報刊的徵訂、發行」等都沒有法律依據。與此相似的地方立法，還有河北省人民政府 2000 年第 4 號令《河北省郵政管理規定》。

以地方立法的形式，來確定專營專賣範圍這樣一個重大事項，是否妥當；是否違反了上位法；是否會破壞立法體系中的「分權」機制，中央立法和地方立法事項的界限應該如何確立；是否會因此形成地方保護主義，損害全國市場的統一性、整體性和公平性；這種傾向，是否屬於社會主義初級階段立法體制不健全的一種表現。本文將這些疑問暫留此處，不作結論，供智者作進一步的思考。〔註86〕

〔註85〕 1986 年《郵政法》第四十條規定：

「違反本法第八條規定，經營信件和其他具有信件性質的物品的寄遞業務的，由工商行政管理部門責令其將收寄的信件和其他具有信件性質的物品及收取的資費退還寄件人，處以罰款。

當事人對處罰決定不服的，可以在接到處罰通知之日起十五日內向人民法院起訴；逾期不起訴又不履行的，由工商行政管理部門申請人民法院強制執行。」可見，《郵政法》規定的侵犯郵政專營權的執法部門是工商行政管理部門。在當時看來，這顯然不利於郵政行業管理部門對郵政專營權的保護。因此，各地地方立法中，基本上都將「確立郵政行業管理部門對郵政專營權的行政執法和處罰資格」作爲主要內容。

〔註86〕 如有興趣，可以參閱《郵發報刊郵政專營 報業服務公司闖紅燈》一文，原載南方網，http://finance.sina.com.cn，2001 年 3 月 23 日，最後登錄時間：2012

　　三是郵政委託經營事件。2001 年的美國「911」事件後，一段時間曾經出現炭疽熱病菌信函的恐怖事件。2001 年 11 月 15 日，國務院辦公廳發出《關於加強信件印刷品等寄遞業務管理防止炭疽桿菌傳播的緊急通知》。12 月 20 日，信息產業部、外經貿部、國家郵政局根據通知精神，聯合發出《關於進出境信件和具有信件性質的物品的寄遞業務委託管理的通知》（（國郵聯〔2001〕629 號，簡稱「629 號文件」）。文件基本上是按郵電部之前的定義來對「信件和其他具有信件性質的物品」做出解釋，並且規定：需要辦理信件寄遞業務的國際貨代企業，應當事先到郵政部門辦理委託手續，然後再到外經貿部辦理相關手續。2002 年 2 月 4 日，國家郵政局印發《關於貫徹信息產業部等部門有關進出境信件寄遞委託管理文件的通知》（簡稱「64 號文件」），明確了委託業務的範圍，提出了單件重量在 500 克或單件資費在郵政 EMS 以上的標準。〔註 87〕這份文件明顯非常有利於郵政收回專營權，但也造成了相當大的社會反彈，並引起美國、歐盟、日本等的強烈反響。〔註 88〕最後，經過一番周折，64 號文件未再執行，而各國際貨代企業最終接受到郵政部門辦理郵政委託經營進出境信件業務的要求，辦理程序按照信息產業部、對外貿易經濟合作部、國家郵政局商定的程序執行。〔註 89〕

　　此事件儘管未能實現當時的國家郵政局劃定郵政專營範圍的初衷，但客觀上達到了兩方面的效果：一是明確了郵政部門對國際貨代企業的管理權，二是明確了國際貨代企業（外資快遞企業）的經營範圍不包括「私人信函和縣級以上黨政機關公文」。這就為後面《郵政法》的修改和有關條款的制訂埋下了伏筆。

6.3.5 外資問題

　　2001 年中國正式成為 WTO 成員。WTO 的基本價值是推行公平競爭，要

年 11 月 13 日。
〔註87〕 即「進出境的單件重量在 500 克以上（不含 500 克）或單件資費在國家規定的（同一重量、同一通達國家（地區）的）郵政特快專遞資費標準以上的信件和具有信件性質的物品的寄遞。前款規定的委託範圍不包括：具有公民個人名址的信件及縣以上（含縣級）黨政軍等機關的公文。」
〔註88〕 參見南焱：「《郵政法》10 年爭端內幕」，《中國經濟週刊》，2009 年第 17 期。
〔註89〕 即《〈信息產業部、對外貿易經濟合作部、國家郵政局關於進出境信件和具有信件性質的物品的寄遞業務委託管理的通知〉的補充通知》（國郵聯〔2002〕472 號）。

求成員逐步實現貿易自由化，減少貿易壁壘，以擴大市場准入水平。作為國際貿易的重要組成部分，服務貿易歷來也是世貿規則的焦點問題之一。中國入世以後，列入服務貿易領域的郵政服務，是否也應放開市場，是否允許國外投資者進入，引起了相當大的爭論。當時，外商投資的快遞企業已經成為中國快遞市場的重要組成部分，佔有國際快遞市場份額的 80%以上。中國如何履行入世承諾，《郵政法》修訂草案如何規定外資快遞的經營範圍，是當時國內外非常關注的焦點。

一、WTO 對郵政服務和速遞服務的分類

在《聯合國中心產品目錄》（UNCPC）中，郵政服務（CPC7511）和速遞服務（CPC7512）均屬於第 75 大類「郵政和電信服務」。

表 6-5　服務部門分類表（節錄）

部門和分部門	所對應的 CPC 項目
2、通信服務 　A 郵政服務	CPC7511
（1）與信函有關的郵政服務	CPC75111：國家郵政部門提供的服務，包括寄往國內外的信函及報紙、雜誌、期刊、手冊、宣傳單等印刷品的收取、運輸及投遞等服務。
（2）與包裹有關的郵政服務	CPC75112：國家郵政部門提供的服務，包括寄往國內外的包裹、小包等的收取、運輸及投遞等服務。
（3）郵局櫃檯服務	CPC75113：郵局櫃檯提供的服務，諸如，銷售郵票；處理保價郵件（信函、小包）和掛號郵件（信函、小包）以及其他郵局櫃檯服務。
（4）其他郵政服務	CPC75119：信箱租賃服務、存局候領業務、以及其他沒有分類的公共郵政服務。 例外：有關郵政匯兌和郵政儲蓄業務列在 8111 項中。
B 速遞服務	CPC7512
（1）多種形式的速遞服務	CPC75121：由速遞服務商使用一種或多種運輸方式提供的，發往國內外的信函、包裹和小包的收取、運輸和投遞服務。這一服務可以運用自有或者公共運輸工具來提供。 例外：航空郵件業務在 73210 子項目（航空郵件運輸服務）
（2）其他速遞服務	CPC75129：其他沒有分類的物品的速遞業務，例如，不需儲存的貨物的裝運和轉運服務。

以《聯合國中心產品目錄》（UNCPC）的分類和定義爲基礎，WTO 秘書處將服務分爲 12 個部門〔註90〕，「通信服務」是 12 個部門之一。

二、中國的有關入世承諾

在中國加入世貿組織的法律文件《中華人民共和國加入議定書（附件9）》和《中國加入工作組報告書》中，對有關郵政和速遞內容，作了規定。歸納起來，主要有以下內容：

（一）對於郵政服務，中國未承諾開放

在 WTO 服務貿易分類表中，郵政服務的內容表述爲：

1、CPC75111 與信函有關的郵政服務。〔註91〕

2、CPC75112 與包裹有關的郵政服務。〔註92〕

3、CPC75113 郵局櫃檯服務。〔註93〕

4、CPC75119 其他郵政服務。〔註94〕

在 WTO 談判中，中國不承諾開放郵政服務。這與 WTO 大多數成員做法是一致的。鑒於郵政服務涉及國家主權、信息安全和郵政普遍服務保障等重大問題，在 WTO 近 150 個成員國中，只有 9 個國家（阿爾巴尼亞、以色列、岡比亞、塞內加爾、吉布提、土耳其、摩爾多瓦、蒙古、吉爾吉斯斯坦）對郵政服務開放作出了部分承諾。包括美國和歐盟國家在內，絕大多數國家均未承諾開放郵政服務。

未承諾對外開放，也就意味著不允許外國服務提供者在本國經營或參與經營上述郵政服務。

（二）對於速遞服務，中國承諾分階段開放

速遞服務的內容在 WTO 服務貿易分類表中表述爲：

〔註90〕其下又進一步細分爲 160 多個分部門。

〔註91〕CPC75111 與信函有關的郵政服務：國家郵政部門提供的服務，包括寄往國內外的信函及報紙、雜誌、期刊、手冊、宣傳單等印刷品的收取、運輸及投遞等服務。

〔註92〕CPC75112 與包裹有關的郵政服務：國家郵政部門提供的服務，包括寄往國內外的包裹和小包的收取、運輸及投遞等服務。

〔註93〕CPC75113 郵局櫃檯服務：郵局櫃檯提供的服務，諸如，銷售郵票；處理保價郵件（信函、小包）和掛號郵件（信函、小包）以及其他郵局櫃檯服務。

〔註94〕CPC75119 其他郵政服務：信箱租賃服務、存局候領業務、以及其他沒有分類的公共郵政服務。

1、多種形式的速遞服務 CPC75121：由速遞服務商使用一種或多種運輸方式提供的，發往國內外的信函、包裹和小包的收取、運輸和投遞服務。這一服務可以運用自有或者公共運輸工具來提供。

2、其他速遞服務 CPC75129：其他沒有分類的物品的速遞業務，例如，不需儲存的貨物的裝運和轉運服務。

從世界範圍來看，WTO 有 41 個成員對速遞服務進行了承諾。其中，發達國家和較大的發展中國家有美國、加拿大、巴西等國。這些國家在承諾開放速遞服務的同時都設定了一定的限制。例如，巴西在承諾中表明：「信函（包括大宗信件）和明信片服務，以及郵票和其他郵資憑證的發行均不包括在內」。加拿大對部分地區的速遞開放設定了經濟需求測試的市場准入條件；美國的承諾僅爲「路基的速遞服務」，並利用國內法對外國服務提供者進行了多種限制。需要說明的是，歐盟、日本等發達國家成員已經根據其國內法開放了速遞市場，但未在 WTO 做出承諾。

中國對於速遞的入世承諾是：開放「多種形式的速遞服務」（CPC75121），但有一個限制條件，即「現由中國郵政部門依法專營的服務除外」。見下表。

表 6-6　中國入世服務貿易承諾減讓表中速遞服務承諾內容

服務提供方式（1）跨境交付；（2）境外消費；（3）商業存在；（4）自然人流動。

部門或分部門	市場准入限制	國民待遇限制	其他承諾
2.通信服務			
B、速遞服務 （CPC75121，現由中國郵政部門依法專營的服務除外）	（1）沒有限制 （2）沒有限制 （3）加入時，將允許外國服務提供者設立合資企業，外資不超過49%。在中國加入後 1 年內，將允許外資擁有多數股權。 中國加入後 4 年內，將允許外國服務提供者設立獨資子公司。 （4）除水平承諾中內容外，不作承諾。	（1）沒有限制 （2）沒有限制 （3）沒有限制 （4）除水平承諾中內容外，不作承諾。	

由上表可見，中國對速遞服務作出了承諾，具體為：

1、承諾開放「快遞服務（CPC75121），現由中國郵政部門依法專營的服務除外」。

2、在市場准入限制上，對於跨境交付和境外消費，均沒有限制；對於商業存在，在中國加入 WTO 時，將允許外國服務提供者在華設立經營快遞服務的合資企業，但外資成分不得超過 49%；中國入世 1 年內，外資可以允許擁有多數股權。加入後 4 年內，外國服務提供者可以設立外資獨資子公司。

3、在國民待遇限制上，對於跨境交付、境外消費、商業存在均沒有限制。

三、修訂《郵政法》期間對中國入世承諾的考慮

《郵政法》（1986 年）第八條的規定，意味著中國原則上禁止郵政企業以外的其他主體經營信件和其他具有信件性質物品的寄遞業務，但是，國務院根據社會發展和行政管理的需要，可以做出例外性的規定，從而調整該項專營範圍，使得其他主體可以經營上述專營業務。

通過《國際貨物運輸代理業管理規定》（5 號令）和前述「郵政委託經營事件」，經批准成立的國際貨代企業（其背後是跨國外資快遞）的經營範圍其實已經劃出了一個邊界，即除了「私人信函、縣級以上黨政機關公文」以外的國際快遞業務。

之前，中國關於速遞（快遞）的入世承諾是：在 2001 年（即中國加入 WTO 時），允許外國服務提供者設立合資企業，但外資比例不得超過 49%；2002 年（加入 WTO 後 1 年內），可以允許外資在合資企業擁有多數股權；2005 年（即加入後 4 年內），允許外國服務提供者在華設立外資的獨資子公司。此後幾年，中國的快遞市場基本上是按照這條路徑逐步對外開放的。2001 年以前，包括 UPS（聯合包裹）、FedEx（聯邦快遞）、TNT（天地）、DHL（敦豪）在內的全球四大快遞企業都與中外運合作，建立合資公司，在華經營業務。到 2002 年以後，根據市場發展和合作情況，四大快遞公司先後增資，控制了合資企業的多數股份。到 2005 年，隨著 WTO 承諾期下一階段的到來，再加上與中方合作期限也臨近結束，UPS、FedEx、TNT 三家紛紛將合資企業轉為獨資，只有 DHL 一家仍與中外運保持合資關係。

修訂《郵政法》時，如何既遵從 WTO 承諾，保護外資企業的合法權益，又依法有序可控開放市場，避免超出中國承諾範圍造成「過度開放」，從而對國內產業造成過大衝擊，是起草者十分關注的問題。中國加入 WTO 時所做出

的承諾是：「開放速遞服務，現（currently）由中國郵政部門依法專營的服務除外」。對如何理解和把握「現（currently）」這個術語，起草者做了細緻的、大量的研究和周密詳細的論證，並與外經貿管理部門、中國駐 WTO 使團、中國參與入世談判的相關人員深入溝通與徵詢。相關各方對這一問題達成了基本共識，即：成員國對 WTO 的承諾，是特定的靜止性承諾。中國加入 WTO 時做出的：「開放速遞服務，現（currently）由中國郵政部門依法專營的服務除外」的承諾，這個」現（currently）」指的是中國入世時的 2001 年。此時中國《郵政法》尚未修改，《郵政法》（1986 年）仍是現行有效的法律，該法禁止郵政企業以外的其他主體經營「信件和具有信件性質的物品的寄遞業務」。因此，中國入世開放的範圍限定在信件以外的物品類快遞服務。雖然中國《郵政法》修訂草案準備調整郵政專營範圍，但是允許外資經營的範圍，並不隨著此調整而自動擴大。外資在郵政法修改前後可以經營的範圍並沒有發生變化，仍然可以依法在中國從事除私人信函、縣級以上黨政機關公文以外的信件的國際快遞業務以及包裹等物品的國際國內快遞業務。「國內信件快遞服務」不屬於承諾開放的範圍，並不涉及國民待遇的問題，當然也並沒有違反《服務貿易協定》（GATS）的國民待遇原則。當然，對於沒有承諾的事項，中國以後可以自主決定是否開放。但那是屬於中國主權內的問題，不是對 WTO 必然的義務。這也是符合 GATS 市場准入規定的。

　　基於以上共識，《郵政法》修訂草案規定了「外商不得投資經營信件的國內快遞業務」。根據《指導外商投資方向規定》，此處的「外商投資經營」，是指外國投資者在中華人民共和國境內投資舉辦中外合資經營企業、外資企業經營快遞業務或者採取國家規定的其他投資形式經營快遞業務。華僑和香港特別行政區、澳門特別行政區、臺灣地區的投資者比照外國投資者的規定執行。對於什麼是「國內快遞業務」，徵求意見時也有部門提出需要予以明確，所以《郵政法》修訂草案專門做了一個解釋：「國內快遞業務，是指從收寄到投遞的全過程均發生在中華人民共和國境內的快遞業務」。此處的「境內」，是指中華人民共和國國（邊）境內。根據《中華人民共和國出境入境邊防檢查條例》第四十六條的規定，國境是指中國與外國的國界；邊境是指中國大陸與中國香港特別行政區、澳門特別行政區以及臺灣地區的交界。經過上述解釋和限定，基本上完善了「外商不得投資經營信件的國內快遞業務」這一條款，避免了立法漏洞問題。

2009 年 4 月 20 日，全國人大法律委員會副主任委員喬曉陽在第十一屆全國人民代表大會常務委員會第八次會議上，代表全國人大會法律委員會向全國人大常委會作《關於〈中華人民共和國郵政法（修訂草案）〉修改情況的彙報》。「外資」問題被列為一個需要專門彙報的問題。喬曉陽在彙報中介紹了公開徵求意見時的有關爭議，也提出了立法部門對這個問題的基本思路，最後得出的結論是：不對外資開放信件的國內快遞業務「與中國對外承諾是一致的」，不存在設置新的投資和貿易壁壘問題，也不會影響外商投資的快遞企業繼續依法在中國從事信件的國際快遞業務（私人信函除外）以及包裹等物品的國際國內快遞業務。同時他還強調，外商投資的快遞企業的依法經營活動「將繼續受到我國法律的保護。」〔註 95〕

可見，對《郵政法》有關的外資問題，得到立法機關的高度重視，所做的研究也是比較深入，心中有底的。

除此以外，立法時，考慮到一些國際貨代企業依照《國際貨物運輸代理業管理規定》，在經過有關部門批准或者備案後，在《郵政法》修訂以前事實上已經在經營國際快遞業務。為了避免給這類企業增加新的行政負擔，對企業的止常經營造成不利影響，同時又要維護法律施行的嚴肅性，保證快遞業務經營許可制度的統一適用，《郵政法》修訂草案專門做了一個銜接性的規

〔註 95〕 喬曉陽指出：「這裡還有一個問題需要彙報。修訂草案第五十條中規定：『外商不得投資經營信件的國內快遞業務』。在草案公開徵求意見時，有的提出，這一規定是否與我國加入世貿組織的承諾相符，是否設置了新的投資和貿易壁壘。法律委員會、法制工作委員會會同國務院法製辦、商務部等部門研究認為，按照我國加入世界貿易組織時所作的對外開放快遞業務，但『現由中國郵政部門依法專營的服務除外』的承諾，依據我國 1986 年制定的現行郵政法關於『信件和其他具有信件性質的物品的寄遞業務由郵政企業專營，但是國務院另有規定的除外』的規定，以及國務院 1995 年 6 月批准發佈的《中華人民共和國國際貨物運輸代理業管理規定》中關於經批准成立的國際貨物運輸代理企業可以從事國際快遞業務，但私人信函除外的規定，我國信件的國內快遞業務不對外資開放。修訂草案的上述規定與我國對外承諾是一致的。這一規定不會影響外商投資的快遞企業依法繼續在我國從事除私人信函以外的信件的國際快遞業務以及包裹等物品的國際國內快遞業務，不存在設置新的投資和貿易壁壘問題。外商投資的快遞企業在我國依法從事快遞經營活動，將繼續受到我國法律的保護。」
全國人大法律委員會副主任委員喬曉陽：「全國人民代表大會法律委員會關於《中華人民共和國郵政法（修訂草案）》修改情況的彙報「，載於中國人大網，http://www.npc.gov.cn/wxzl/gongbao/2009-10/30/content_1543673.htm〉，最後登錄時間：2012 年 11 月 17 日。

定，要求在修改後的《郵政法》施行前，依照國家有關規定（主要是指《國際貨物運輸代理業管理規定》和原外經貿部、商務部、國家郵政局關於「委託經營」的一系列文件制度），國際貨物運輸代理企業在滿足兩個條件（一是經過國務院商務主管部門批准或者備案，二是向工商行政管理部門辦理登記手續）後經營國際快遞業務的，憑有關證照，可以到國家郵政管理部門「領取」快遞業務經營許可證。此處的「領取」，其實意味著立法已經承認上述國際貨代企業經營國際快遞業務的合法性；《郵政法》修改後，這些企業可以直接獲得相關的經營許可證，而不再需要按照一般程序去申請和接受審查。國家郵政管理部門沒有正當理由，也不能拒絕這類企業「領取」許可證的合法請求。〔註96〕應該說，這一規定，照顧了現實，兼顧了各方利益，體現了相當的原則性和靈活性，所以在後面的立法審議中順利通過是不難理解的。

　　至於那些在郵政法修訂施行以後才申請從事國際快遞業務的國際貨代企業，修訂草案規定其不能「走捷徑」，仍然需要依法經國家郵政管理部門審查批准後才能取得快遞業務經營許可證。〔註97〕

6.4 轉折——政企分開

　　觀察郵政立法，會發現一個有意思的現象。郵政法制的演進，每每與體制的改革相互交織，密不可分。《郵政法》尚在進行中，新一輪的郵政改革又掀開了序幕。修法的 10 年，實際上也是爲郵政改革積累力量的 10 年。

6.4.1 政企分開成爲世界郵政改革的潮流

　　郵政歷來是政府主導色彩非常濃重的行業。直到 20 世紀 70～80 年代，絕大多數國家（包括發達國家），郵政基本上都是政企合一的行業，郵政員工

〔註96〕 即：「本法施行前依照國家有關規定，經國務院商務主管部門批准或者備案，並向工商行政管理部門依法辦理登記手續後經營國際快遞業務的國際貨物運輸代理企業，憑批准或者備案的有效文件以及營業執照，到國家郵政管理部門領取快遞業務經營許可證。國家郵政管理部門應當將企業領取快遞業務經營許可證的情況通報其原辦理登記手續的工商行政管理部門。」

〔註97〕 參見國務院法製辦公室主任曹康泰：「關於《中華人民共和國郵政法（修訂草案）》的說明——2008 年 10 月 23 日在第十一屆全國人民代表大會常務委員會第五次會議上」，載於中國人大網，http://www.npc.gov.cn/wxzl/gongbao/2009-10/30/content_1543666.htm〉，最後登錄時間：2012 年 11 月 17 日。

屬於國家公務員，郵政事權爲中央（聯邦）事權。70 年代起，情況發生了很大的變化。

一是統一的郵遞行業逐步形成。70 年代後不斷加強的貿易全球化和經濟一體化趨勢，爲郵政行業創造了一種全新的需求和運營方式。郵政行業的市場區域不再由國家的地理邊界決定，郵政行業自身也不再限制於一個企業，而是形成了一個多元化、多層次、統一的郵遞市場。一方面，郵政市場的競爭越來越激烈。私營競爭者的競爭力逐步從國際業務擴展到國內業務，對原有的國家郵政構成相當大的衝擊。國家郵政的市場份額在減少，而私營企業的市場份額越來越高。〔註 98〕另一方面，部分國家郵政在困境下，也在致力於自身改造和轉型，由過去傳統的政府機關模式向公共公司模式轉變，甚至出現了越來越多的私有化、民營化案例（如德國郵政、荷蘭郵政、英國郵政等）。引入市場機制後的原來的國家郵政向私營郵政學習，致力於建立擁有以客戶爲導向的統一的質量標準，致力於建立簡約化、市場導向型的組織構架，從而更加具有靈活性和競爭力。而且，也開始在國內市場和國際市場開展大規模的鋪網並購活動（如德國郵政並購了 DHL、荷蘭郵政並購了 TNT）。無論是組織，還是行爲，或是盈利模式，這種類型的郵政企業與曾爲老對手的私營快遞已經基本混同，很難分辨了。

二是實施政企分開，逐步成爲各國郵政改革的共同實踐。面對新的市場環境，多數國家認識到，必須極大地改變郵政行業的政府管理和市場運行規則。面對不斷加劇的競爭，不斷變化的需求，需要國家放鬆對郵政的行政束縛，使郵政走上企業化運營的道路，能夠放手採取更加靈活的管理模式，實現自主運作。日益多元化的市場主體，也需要建立統一、公平、公正的監管制度，如果繼續保持郵政政企合一的體制，並且讓政企合一的郵政作爲市場的經營者和監管者的「二位一體」，無疑不符合市場競爭的公平性原則。因此，從 70 年代以後，郵政政企分開成爲全球郵政體制改革的主要內容之一，形成一股浪潮。到 2005 年，據萬國郵聯的不完全統計，在 191 個郵聯成員國中，實行郵政政企分開的已占 70% 以上。其中，有 60 個國家的郵政行業成立了獨

〔註98〕據萬國郵聯國際局統計，目前，全球郵遞產業市場規模達到 2 萬億美元，解決就業 2 千萬人。其中，指定郵政經營者收入 2600 億美元，郵政員工約 550 萬人。在競爭的環境中，全球指定郵政經營者的市場份額在減少，1998 年～2008 年，全球指定郵政經營者的函件市場份額由原來的 93% 下降到 85%，快遞和包裹市場份額由原來的 30% 下降到 26%。

立的監管部門。

從中國的情況看，90 年代末的中國郵政體制改革主要是實現了郵政電信分開，隨之成立的國家郵政局仍然是一個政企合一的部門。如前所述，這種傳統的政企合一的管理體制對市場經濟的不適應性表現得越來越明顯。政企分開，成爲進一步深化郵政體制改革的一項重要而緊迫的任務。

1999 年，政企合一的國家郵政局成立不久，即著手研究政企分開的工作方案。時任國家郵政局局長劉立清在 2000 年 1 月 17 日全國郵政工作會議上曾提出新世紀郵政的基本戰略，其中第一項就是「政企分開、專業化經營的體制改革戰略」，「改變集政府職能與企業職能於一身、所有權與經營權於一體的狀況」逐步實現郵政體制的政企分開。這一戰略的基本設想是將郵政行業的政府管理職能從仍然政企合一的國家郵政局中分離出來，並且改組、改制和改造郵政企業進行，組建中國郵政（集團）公司。中國郵政（集團）公司要以專業化經營爲基礎。在不脫離大網的前提下，各專業化經營實體按照「自主經營，獨立核算，自負盈虧」的原則進行企業化改造。同時，建立健全競爭與激勵機制，積極推進郵政企業用工、人事和分配等配套機制和制度的改革。〔註99〕

此時，郵政體制改革也已列入國家經濟體制改革的重點項目。

6.4.2 中國的郵政政企分開改革順利實施

2003 年 10 月 14 日，中國共產黨十六屆三中全會提出「加快推進和完善壟斷行業改革」，「對壟斷行業要放寬市場准入，引入競爭機制」，並專門要求實行政企分開、政資分開、政事分開，「加快推進鐵道、郵政和城市公用事業等改革」，「對自然壟斷業務要進行有效監管。」〔註100〕

〔註99〕 劉立清：「逐步實現郵政體制的政企分開，改變集政府職能與企業職能於一身、所有權與經營權於一體的狀況。基本設想是將國家管理郵政行業的政府職能從政企合一的國家郵政局中分離出來，同時對郵政企業進行改組、改制和改造，組建以專業化經營爲基礎的中國郵政（集團）公司。各專業化經營實體，在不脫離大網的前提下，自主經營，獨立核算，自負盈虧。在企業內部，積極推進人事、用工和分配制度改革，建立健全競爭與激勵機制。」
李九圍主編：《新世紀中國郵政管理指導全書》（全二冊）上冊，北京郵電大學出版社，2000 年，第 80 頁。

〔註100〕 原文：「加快推進和完善壟斷行業改革。對壟斷行業要放寬市場准入，引入競爭機制。有條件的企業要積極推行投資主體多元化。繼續推進和完善電信、電力、民航等行業的改革重組。加快推進鐵道、郵政和城市公用事業等改革，

　　2006 年 3 月 14 日，第十屆全國人民代表大會第四次會議批准了「十一五」規劃〔註 101〕，明確提出「深化郵政改革」，「推進國有資產重組，形成競爭性市場格局，建立現代企業制度」，「加快其他商業銀行、郵政儲蓄機構等金融機構改革。」其後，國務院在落實「十一五」規劃的主要目標和任務分工時，確定由發展改革委牽頭「深化郵政改革」，由銀監會牽頭「推進郵政儲蓄機構改革」。〔註 102〕

　　2005 年 4 月 4 日公佈的《國務院關於 2005 年深化經濟體制改革的意見》（國發〔2005〕9 號）指出：鑒於「生產力發展的體制障礙仍未消除」，要「解決經濟運行中的突出矛盾和問題」，調整經濟結構，實現經濟增長方式轉變，鞏固和發展宏觀調控成果，「都需要加快推進改革」，「推進改革十分重要和緊迫」。據此，《通知》明確，要「深化壟斷行業和公用事業改革。……適時出臺郵政體制改革方案。」《通知》同時提出：要「深化國有企業和國有資產管理體制改革」，加快國有經濟佈局和結構戰略性調整步伐。研究指導國有資本調整和國有企業重組，「完善國有資本有進有退、合理流動的機制。」同時，「進一步改善非公有制經濟發展的體制環境」，「形成促進非公有制經濟發展的政策體系」，制訂和完善放寬非公有制經濟市場准入的具體措施和配套辦法。

　　同年 8 月，國務院審議通過《郵政體制改革方案》（國辦發〔2006〕7 號），由此，新一輪的郵政體制改革正式啓動。這次改革的基本思路：一是實行郵政政企分開，加強政府監管職能，完善郵政市場機制；二是從機制和制度上保障郵政普遍服務和特殊服務；三是確保通信安全。改革的目標是：通過持續的深入的改革，建立有利於政府依法監管、企業獨立自主經營的新的郵政體制，促進中國郵政事業健康發展。

　　根據《郵政體制改革方案》，政企分開成爲這場改革的重頭戲。原先政企合一的國家郵政局，將分爲兩部分：履行政府職能，對郵政行業施行監督和管理管理的重組的國家郵政局；承繼原國家郵政局的企業資產和企業職能、

　　　　實行政企分開、政資分開、政事分開。對自然壟斷業務要進行有效監管。」
　　　　引自中國共產黨第十六屆中央委員會第三次全體會議通過《中共中央關於完
　　　　善社會主義市場經濟體制若干問題的決定》（2003 年 10 月 14 日）。
〔註 101〕《中華人民共和國國民經濟和社會發展第十一個五年規劃綱要》
〔註 102〕《國務院關於落實〈中華人民共和國國民經濟和社會發展第十一個五年規劃
　　　　綱要〉主要目標和任務工作分工的通知》（國發〔2006〕29 號），2006 年 8
　　　　月 24 日。

成爲獨立企業法人、經營各類郵政業務的中國郵政集團公司。

在政府改革方面。《郵政體制改革方案》規定的重組後的國家郵政局的主要職能包括：研究提出郵政業發展戰略、規劃和有關政策；起草郵政行業的法律、行政法規和規章草案；負責郵政市場准入；依法監管市場，保障公平競爭；制定郵政服務標準，監督郵政服務質量；保障通信與信息安全；推進郵政普遍服務機制的建立和完善；研究提出郵政服務價格政策和基本郵政業務價格建議，並監督執行；負責審定紀念郵票和特種郵票年度計劃；負責紀念郵票的選題和圖案審查；代表國家參加國際郵政組織，處理政府間郵政事務。設立各省（區、市）郵政管理局，作爲省一級郵政監管機構，接受國家郵政局垂直領導。

在企業改革方面。組建中國郵政集團公司，承接原國家郵政局的企業職能、經營性資產和人員，作爲國務院授權投資機構。暫由國家郵政局作爲中國郵政集團公司的行政主管部門，財政部作爲中國郵政集團公司的國有資產管理部門。2006 年 8 月發佈的《國務院關於組建中國郵政集團公司有關問題的批覆》（國函〔2006〕79 號）明確，「中國郵政集團公司是在原國家郵政局所屬的經營性資產和部分企事業單位基礎上，依照《中華人民共和國全民所有制工業企業法》組建的大型國有獨資企業。主要經營國內和國際郵件寄遞、報刊等出版物發行、郵政匯兌、郵政儲蓄、郵政物流、郵票發行等業務。」「中國郵政集團公司根據國家有關規定，承擔郵政普遍服務義務；受國家委託，承擔機要通信業務、義務兵通信等特殊服務。」

6.4.3 修法進入新階段

在推行體制改革的基礎上，《郵政體制改革方案》明確提出：「鑒於現行《中華人民共和國郵政法》已不適應改革與發展的需要，爲保障郵政體制改革的順利實施，有關部門要加快修訂工作。」此後，《郵政法》的修法，進入一個全新的階段。

2007 年 1 月 29 日，國家郵政局重組掛牌。重組的國家郵政局和其前身一樣，高度重視郵政法修改工作。但是，工作開展的方式、所持的立場已經大不相同，立法觀念和自身定位明顯地在發生變化。

一是工作重心的調整。

在政企分開以前，國家郵政局的主要注意力是企業經營，郵政法的修訂儘管也很重要，但在大的工作盤子中只能列入到重要工作「之一」。重組後，

國家郵政局的企業職能已經剝離，職責定位就是國家郵政監管機構，可以專心開展政府管理，「郵政法修改」立即被列爲最重要的、壓倒一切的工作內容。

二是工作立場的轉移。

過去國家郵政局的立法活動，儘管也要考慮國家利益和社會整體利益，但不可避免地著重於國有郵政企業的自身利益，對於其他「競爭對手的利益」，天然地持有一種排斥的態度。政企分開後，國家郵政局作爲行業主管部門，必須按照「公平監管」的要求，平等地對全行業進行監管，平等地對待市場上的全部經營主體，再也不能以所有制來區分「三六九等」，這也意味著參與立法時必須公平地考慮和反映全行業的利益。

三是工作方法的轉變。

政企分開前，徵求意見時多數是在郵政企業內部進行，聽到最多的是郵政企業中高層管理人員的意見。體制改革後，這種狀況明顯改變，國家郵政局在正式掛牌以前，即已多次與國務院法制部門溝通，並安排人員赴上海、北京等地徵求、瞭解民營快遞和外資快遞的意見。新組建的國家郵政局擺脫了企業身份的束縛，站在行業管理部門的位置，更加注意加強與各類企業的協調和溝通，建立暢通的交流渠道。國家郵政局領導主動走訪和考察了郵政企業和一些較大規模的民營快遞企業。在分赴各省調研時，都要專門安排時間，以各種形式與當地不同所有制企業作直接的、面對面的交流和溝通。2007年 2 月 3 日上午，國家郵政局在重組掛牌僅僅幾天後，召開第一次國內快遞企業座談會。會議有幾項主要內容，一是介紹郵政體制改革情況，二是闡明對包括快遞在內的郵政市場的監管思路，三是專門聽取了企業方面就郵政法修改和市場監管等方面的意見建議，回答了民營企業提出的一些問題。來自中國郵政速遞服務總公司、中外運、中鐵快運、中國民航快遞、順豐、申通、宅急送、圓通、韻達、匯通、全一等 11 家國有和民營快遞企業的負責人與會交流。2008 年的國家郵政局工作會議，也邀請了郵政企業、快遞企業代表列席，並聽取對郵政法制建設工作的建議。

國家郵政局的這一系列舉動，表明了一種開明、開放的態度，受到了行業內的歡迎，也爲新一階段的郵政法修法爭取了理解，營造了環境。此後，在修法的每一個過程，各種所有制企業的意見基本能通過暢通的渠道得到反映。每次座談，各郵政企業和快遞企業代表都暢所欲言。過去，快遞企業和郵政企業實質上是處於不平等的地位，很多企業長期處於被打擊、被擠壓的

境遇下，對國家郵政局有著比較強烈的牴觸情緒和不信任感。政企分開後，通過一段時間的接觸、試探和瞭解，快遞企業和國家郵政局之間的關係逐步發生變化，疑慮、顧慮逐漸減弱，初步建立了信任關係。一些快遞企業對修法的程序和內容終於敢於暢所欲言，也提出了很好的建議。

《郵政法》的修訂，此時可謂終於走上了正軌。修法的主要工作方向，也不再僅僅局限於郵政專營等少數問題，建立郵政普遍服務機制、建立信件快遞業務許可制度（其後修改爲「快遞業務許可制度」）、建立郵政安全機制、建立郵政用戶權益保護機制等成爲主要關注點，法律制度的設計更加貼近社會現實，考慮的因素更加全面公平，照顧利益更加多元，立法程序也更加民主透明。

在此基礎上，國家郵政局根據政企分開的實際情況，向國務院法製辦提出兩個重要的修法思路：一是進一步體現公平監管，促進不同主體的平等競爭，將郵政 EMS 納入到快遞業務許可範圍；二是貫徹有關便民利民、方便群眾，維護消費者權益的立法宗旨，進一步強化郵政法草案在便民方面的相關規定。

與此同時，修訂《郵政法》的總體指導思想也越來越明確：一是堅持國家利益和人民利益優先。二是堅持統籌兼顧，合理平衡利益關係。三是堅持促進發展，創造環境。四是堅持落實、體現郵政體制改革和政企分開的要求。上述四點指導思想，也得到了各有關方面的認同。

這一階段，在反覆徵求全國人大、國務院有關部門、單位〔註103〕和廣東、上海等 20 個地方人民政府以及專家用戶、郵政企業、快遞企業等各方面廣泛的意見的基礎上，有關立法部門借鑒其他國家好的經驗和做法，對郵政法繼續進行了較爲全面的研究修改，對一些重大問題逐步取得共識。《郵政法（修訂草案）》框架終於形成，終於可以提交國務院常務會議審議。

6.5 新的體制，新的法律

6.5.1 按程序進行的立法進程

政企分開後，《郵政法》已經比較成熟，立法進程也進入程序軌道，應該說是比較規範、比較順利的。

〔註103〕包括全國人大財經委、全國人大常委會法工委、財政部、發展改革委、商務部、公安部、安全部等 16 個部門。

　　2008 年 10 月 6 日上午，國務院總理溫家寶主持召開國務院第 29 次常務會議，討論並原則通過《中華人民共和國郵政法（修訂草案）》。會議決定，修訂草案經進一步修改後，由國務院提請全國人大常委會審議。

　　10 月 23 日，受國務院委託，國務院法製辦公室主任曹康泰向十一屆全國人大常委會第五次會議作了關於《郵政法（修訂草案）》的說明。

　　10 月 28 日上午，十一屆全國人大常委會第五次會議對《郵政法（修訂草案）》進行了初次審議。會議決定，將草案及說明在中國人大網上公佈，向社會公開徵集意見。

　　分組審議中，常委會組成人員對保障郵政普遍服務、嚴格快遞市場准入、提高服務質量等規定，給予充分關注。29 名委員和代表共提出 72 條意見。

　　總的來看，委員們認為《郵政法》修訂很有必要，郵政法修訂草案明確規定了政企分開後郵政管理部門的監督管理職責，把普遍服務、特殊服務、快遞業務等進行了界定與區分，符合社會發展的需要。比如全國人大常委會委員胡振鵬在審議時就認為，郵政法這次修改有一個很大的特點，就是普遍郵政服務堅持公益性服務，由國有郵政公司承擔，把快遞業務推向市場，建立市場機制，「這樣修改很有意義，我完全贊成」。他說，關於快遞業務專營的範圍，這幾年的爭論很激烈，信件的快遞由郵政公司專營，其他的快遞業務允許社會上其他的企業經營。由郵政公司專營的信件快遞界限在郵政法中沒有具體規定，在國務院「說明」中談到由國務院另外制定實施細則。為了鼓勵更多的市場競爭，對社會上的企業進行快遞業務的門檻不要設得太高，也就是說郵政公司專營的信件快遞「壁壘」不應太高，應鼓勵社會上其他企業在快遞業務中進行競爭。按「重量＋資費」為原則確立門檻似乎不可取。引進競爭機制的作用之一是降低快遞郵寄資費，把資費一劃定，市場競爭機制就難以形成。「要創造條件與環境，在快遞業務中形成競爭機制，鼓勵競爭。」〔註 104〕

　　烏日圖委員認為：經營普遍業務的企業如果有能力也可以去參與競爭業務，但是普遍服務業務和競爭經業務一定要分開，不能混在一起。否則，即使國家給補貼，也沒法補。因此，郵政法修訂草案中應該明確規定「普遍服

〔註 104〕參見《胡振鵬：創造條件與環境 在業務中形成競爭機制》，載於中國人大網，
　　　　http://www.npc.gov.cn/npc/xinwen/jdgz/gzjd/2008-12/16/content_1462251.htm，
　　　　2008 年 12 月 16 日，最後登錄時間：2012 年 11 月 29 日。

務業務和競爭業務實行分業經營」。而且「還是應該體現鼓勵郵政市場的競爭，不應該限制競爭」。「我隱隱約約感覺這部法是鑒於傳統的業務受到了市場的衝擊，因此通過設立一些門檻，用財政資金給予一些補貼來保護。實踐證明，在任何領域，只有競爭才能改善服務，只有競爭才能提高效率，所以要提倡競爭。」〔註 105〕

上述意見，在常委會審議中，基本成爲主流性的意見。

10 月 29 日～11 月 30 日，《郵政法（修訂草案）》全文上網，公開向社會徵求意見。至截至日，據統計，共徵集各方意見 5624 條。

2009 年 2 月 17 日至 2 月 21 日，全國人大常委會郵政法（修訂草案）立法調研組一行，前往湖北調研。調研組廣泛聽取了各方的意見。分別召開了省有關部門及人大代表座談會，聽取了湖北省郵政管理局、省財政廳、建設廳、公安廳、國家安全廳等部門負責人以及部分全國、省人大代表的意見；部分非外商投資民營快遞企業座談會，聽取了順豐、宅急送、申通、中通和圓通等快遞企業的意見；郵政企業座談會，聽取了省郵政公司及其所屬武漢市郵政局、咸寧市郵政局、大悟縣郵政局、紅安縣郵政局等郵政企業的工作彙報和修改意見。調研組還考察了辦理郵政業務的情況，郵政設施設置和建設的情況，視察了漢陽宗關郵政所、漢陽鍾家村郵政支局、漢口常青花園小區信報箱、紅安火連畈郵政支局、武漢郵區中心局等場所。

4 月 20 日上午，十一屆全國人大常委會第八次會議舉行第一次全體會議，繼續審議郵政法修訂草案等。根據議程，會議首先聽取了全國人大法律委員會副主任委員喬曉陽作的關於郵政法修訂草案修改情況的彙報。當日下午，人大常委會分 6 個組審議郵政法。常委會組成人員表示，與初審稿相比，二審稿更趨成熟，贊成提交本次常委會表決通過。〔註 106〕

4 月 24 日上午，十一屆全國人大常委會第八次會議在完成各項議程後，在人民大會堂閉會。會議表決通過了修訂後的《中華人民共和國郵政法》，以

〔註 105〕 參見《關於郵政法修訂草案總則——分組審議郵政法（修訂草案）發言摘登之二》，載於中國人大網，http://www.npc.gov.cn/huiyi/cwh/1105/2008-11/06/content_1464497.htm，2008 年 11 月 6 日，最後登錄時間：2012 年 11 月 29 日。

〔註 106〕 唐志強整理：《同意郵政法修訂草案進一步修改後提請表決——分組審議郵政法（修訂草案）發言摘登》，載於中國人大網，http://www.npc.gov.cn/npc/xinwen/lfgz/lfdt/2009-04/27/content_1500075.htm，2009 年 4 月 27 日，最後登錄時間：2012 年 11 月 29 日。

146 票贊成、4 票反對，4 票棄權。國家主席胡錦濤簽署第 12 號主席令予以公佈。

6.5.2 修訂後的《郵政法》建立的主要制度

修訂後的《郵政法》主要對以下制度作了修改、補充和完善：

一、按照政企分開的體制，明確了郵政管理部門的法律地位及其監督管理職責

根據國務院發佈的國家郵政局「三定」規定和郵政政企分開後的實際情況，修訂後的《郵政法》明確了國家郵政局以及各省、自治區、直轄市郵政局依法對郵政普遍服務和郵政市場進行監督管理的法律地位，並授予郵政管理部門審批、許可、監督檢查、實施行政處罰等監管權，爲郵政管理部門依法履行職責提供了有效的制度依據和制度保障。

二、按照推進公共服務均等化的原則，對郵政普遍服務作出了較為全面的定義，制定了比較完善的監督和保障郵政普遍服務的制度和措施

修訂後的《郵政法》將保障郵政普遍服務作爲重點內容。全法涉及郵政普遍服務的內容達到 4 個專章、60 餘條，全面補充完善了保障郵政普遍服務的相關制度和措施。

一是明確了郵政普遍服務的定義和範圍。〔註 107〕

二是明確郵政普遍服務由郵政企業承擔。〔註 108〕

三是規定郵政企業應當加強服務質量管理，同時對國家郵政管理部門監督管理郵政普遍服務的質量作出了規定。

〔註 107〕《郵政法》第二條第三款：「本法所稱郵政普遍服務，是指按照國家規定的業務範圍、服務標準和資費標準，爲中華人民共和國境內所有用戶持續提供的郵政服務。」
《郵政法》第十五條第一款：「郵政企業應當對信件、單件重量不超過五千克的印刷品、單件重量不超過十千克的包裹的寄遞以及郵政匯兌提供郵政普遍服務。」第十五條第二款：「郵政企業按照國家規定辦理機要通信、國家規定報刊的發行，以及義務兵平常信函、盲人讀物和革命烈士遺物的免費寄遞等特殊服務業務。」
〔註 108〕《郵政法》第二條第二款：「郵政企業按照國家規定承擔提供郵政普遍服務的義務。」

四是規定了增強郵政普遍服務能力、支持郵政普遍服務的具體措施：

1、在郵政設施方面，規定郵政設施應當按照國家規定的標準設置；其佈局和建設應當滿足保障郵政普遍服務的需要，並納入地方城鄉規劃；各級人民政府對郵政設施建設給予必要的支持；郵政企業撤銷涉及郵政普遍服務的郵政營業場所，應當報請郵政管理部門批准；徵收、拆遷郵政營業場所和郵件處理場所，城鄉規劃主管部門應當對郵政營業場所的重新設置作出妥善安排。

2、在財力支持方面，規定國家財政對郵政企業因爲提供郵政普遍服務而產生的虧損予以補貼；國家建立郵政普遍服務基金。

3、在提供工作便利方面，規定帶有郵政專用標誌的車輛在運遞郵件的時優先通行權。在確保安全的前提下，經公安機關交通管理部門同意，可以在公安機關交通管理部門劃定的禁行路段通行，或者在確需停車的地點停車。

4、爲充分調動和發揮地方的積極性和能動性，修訂草案規定了地方各級人民政府及有關部門對郵政普遍服務的支持責任；同時，發揮地方立法的作用，鼓勵各地區根據實際情況，制定支持郵政普遍服務的具體辦法。

上述規定析清了中央和地方各級政府保障郵政普遍服務的職責，從多個角度規定了郵政普遍服務的保障機制，解答了什麼是郵政普遍服務，郵政普遍服務的提供主體，郵政普遍服務的內容，郵政普遍服務如何開展，國家如何對其予以保障等五個方面的重大問題。凸顯了郵政普遍服務對於《郵政法》的宗旨與核心地位。

三、按照「鼓勵競爭、促進發展」的原則，將快遞業務納入郵政法的適用範圍，確立了快遞業務經營許可制度以及快遞業務的經營行爲規範

專門設置了一章「快遞業務」，將快遞業務納入郵政法的適用範圍，是這次郵政法修改的重要內容之一。一是在《郵政體制改革方案》在「對快遞等郵政業務實行市場准入制度」的改革思路基礎上，郵政法明確規定實行快遞業務經營許可制度，「經營快遞業務，應當依照本法規定取得快遞業務經營許可；未經許可，任何單位和個人不得經營快遞業務。」這一規定，既認可了快遞市場的競爭局面，保護了各類所有制企業的合法經營權和用戶的自由選擇權，又針對快遞業發展的實際情況和存在的問題，加強必要的政府管理，建立進入快遞市場的必要的「門檻」，以促進快遞業的健康發展。二是郵政法

還規定了取得快遞經營許可權的條件。〔註 109〕三是規定了申請和審批的程序以及經營快遞業務的行為規範。四是按照中國入世承諾，規定外商不得投資經營信件的國內快遞業務。五是明確了快遞行業自律制度。這些規定是在大量調研和聽取各方意見、特別是用戶和企業意見的基礎上做出的，基本是符合中國快遞市場基本情況的。

四、按照郵政通信與信息安全的要求，補充、完善了加強安全保障的制度和措施

這次《郵政法》修改，將加強安全監管、確保郵政通信與信息安全作為重點內容，著力解決現有安全監管機制覆蓋不到位甚至出現空白的問題。在明確將維護郵政通信與信息安全作為立法宗旨之一的同時，從完善機制、明確職權、規範行為、嚴格問責等角度，較為全面地補充、完善了有關安全保障的制度和措施，並將「健全的安全保障制度和措施」作為取得快遞業務經營許可證的條件之一，為郵政安全保障提供了更加有效的法律手段。明確規定郵政管理部門要與公安、國家安全、海關等執法部門，互相配合，建立、健全安全保障機制，加強對郵政通信與信息安全的監督管理，確保郵政通信與信息安全。設計和建設郵政企業的郵件處理場所和快遞企業的快件處理場所，應當符合國家安全和海關依法履行職責的要求。在審查快遞業務經營許可申請時，郵政管理部門應當徵求有關部門的意見，考慮國家安全等因素。要求郵政企業、快遞企業等從事寄遞業務的企業應當建立並嚴格執行收件驗視制度。任何單位和個人不得利用郵件、快件傳播含有危害國家安全內容的信息。根據憲法和刑法的有關規定，明確國家安全機關、公安機關或者檢察機關等法定機關，在因為國家安全或者追查刑事犯罪等法定情形下，有權依法查驗、扣留有關郵件、快件。上述法定機關還有權要求郵政企業、快遞企業及其有關人員提供郵政服務或者快遞服務的使用信息。郵政企業、快遞企業以及有關單位應當配合執法機關依法履行職責，並負有保密義務。

五、對郵政業務資費的制定機制做出了調整和修改

按照《郵政法》（1986 年）的規定，郵政資費的制訂按照以下執行：國務院物價主管部門制定郵政業務的基本資費，報國務院批准；國務院郵政主管

〔註 109〕包括：法人資格、註冊資本、服務能力、服務質量管理制度、業務操作規範、安全保障制度和措施等方面。

部門制定非基本資費。根據《郵政體制改革方案》,「改革郵政業務價格形成機制」是郵政體制改革的重要內容。根據體制改革的實際情況,修改後的《郵政法》按照政府定價和市場定價兩種情況對郵政企業的業務資費制定程序作了新的規定。〔註110〕

六、修改了郵政企業專營業務範圍的規定,授權國務院規定郵政企業專營業務的具體範圍

郵政專營範圍問題是這次修改《郵政法》的焦點、難點,涉及面廣,關注度高,敏感性強,各方面分歧很大。爲此,立法單位做了很多艱苦細緻的工作,研究提出多個建議方案,並反覆進行協調,但始終達不成一致意見。《郵政法》修改最終沒有明確規定郵政企業專營業務的具體範圍,而是授權國務院作出規定。

這樣的制度設計,自然有其深層次的立法背景。

首先,短期內對郵政專營業務範圍問題很難形成爲各方接受的方案,而保障郵政體制改革的順利實施又需要盡快完成郵政法修改工作。必須採取一定的策略,避免因爲一個具體問題而阻礙郵政法修改的整體進程。

其次,對郵政專營的具體範圍暫不規定,可以再留出一段時間,在實踐的基礎上作進一步深入的研究、論證和協調,使郵政企業、快遞企業都有機會對相關業務進行必要的調整,緩和互相牴觸的情緒,爲以後專門研究確定郵政專營業務的具體範圍創造有利的時機和條件。這就是所謂「事緩則圓」的中國哲學在立法上的反映。考慮到郵政專營問題此前引起的多年爭論和社會巨大反響,這樣一種立法處理方式,確是比較穩妥、可行的。

七、明確規定了政企分開後郵政管理部門的監督管理原則。

修訂後的《郵政法》規定,全國的郵政普遍服務和郵政市場的監督管理工作由國務院郵政管理部門(現爲國家郵政局)負責。省、自治區、直轄市的郵政普遍服務和郵政市場的監督管理,由各省級郵政管理機構在國務院郵政管理部門的領導下進行。郵政管理部門實施監督管理必須遵循的原則是:

〔註110〕 即:郵政普遍服務業務資費、郵政企業專營業務資費、機要通信資費以及國家規定報刊的發行資費實行政府定價,資費標准由國務院價格主管部門會同國務院財政部門、國務院郵政管理部門制定;郵政企業的其他業務資費實行市場調節價,由郵政企業自主確定。

「公開、公平、公正以及鼓勵競爭、促進發展」，這一點對郵政改革和郵政市場的長遠發展來說，意義重大。

同時，《郵政法》設置了「監督檢查」一章，對郵政管理部門依法進行監督檢查時應當遵守的要求、可以採取的行政措施、行政相對人的配合義務等都做了規定。

此外，修訂後的《郵政法》著力加強了對用戶合法權益的保護，明確了郵政普遍服務範圍內郵件的損失賠償原則和快遞業務的賠償原則，並修改了郵政業務資費和價格形成機制。

6.6 立法的社會效果

修訂後的《郵政法》第一次制訂了有關快遞市場准入制度的法律規定，第一次在立法層面明確提出了郵政普遍服務的制度設計，以法律的形式固化了郵政體制改革的成果。

6.6.1 推動了郵政企業的體制改革

修訂後的《郵政法》將郵政業市場化改革方向確立下來，郵政企業經營的業務被區分為「郵政普遍服務」和「競爭性業務」兩大領域。根據第八十四條的有關規定，「郵政企業」界定為「中國郵政集團公司及其提供郵政服務的全資企業、控股企業」，「郵件」是指郵政企業寄遞的信件、包裹、匯款通知報刊和其他印刷品等。同時，《郵政法》以大量條款確立了國家保障郵政普遍服務、國家監督郵政普遍服務的模式。在這個公共服務領域。郵政企業和郵件的確能夠享受一些特殊的保障政策，但前提是其必須依法承擔郵政普遍服務的責任，做好基本公共服務，一方面政府要求郵政企業創造條件不斷提升郵政普遍服務的效率性和經濟性，另一方面政府要提出服務標準，對服務質量進行監管；而郵政普遍服務以外的郵政企業經營的幾乎所有業務，如郵政速遞、郵政儲蓄、郵政物流、市場化報刊發行等，全部歸入競爭性業務，《郵政法》明確將其作為「郵政市場」的範疇。在郵政市場領域，郵政企業是市場主體的一員，其所有競爭性業務都要按照市場經濟的規律，自主經營、自負盈虧，與其他所有制的企業地位平等，公平競爭，不享受任何法律外的特權。考慮到郵政企業的普遍服務業務和競爭性業務如果繼續混業經營，吃「大鍋飯」，既互相牽制、互相影響，使二者都不能很好發展，也不利於郵政企業

實現政企分開、建立現代企業制度，更造成公共服務收入和財政資金補貼郵政競爭性業務問題，可能破壞市場經濟「公平競爭」的原則，使其他市場主體處於不平等發展地位，在修訂《郵政法》時，經過反覆研討、爭論，並參考國外郵政立法和改革實踐，立法思路最後逐漸一致，就是要「改革郵政企業的混業經營模式，使郵政企業的兩大領域業務按照各自的規律經營和發展」。這也正是《郵政法》第十八條「郵政企業的郵政普遍服務業務與競爭性業務應當分業經營」的立法源流，是在國務院《郵政體制改革方案》基礎上對郵政企業經營體制的深化改革規定。

按照郵政體制改革的總體部署和《郵政法》競爭性業務與普遍服務業務分離的要求，郵政企業初步實現分業經營、分帳核算。

2006 年，中國郵政集團公司及各省（區、市）郵政公司的組建工作順利完成。2007 年 3 月，中國郵政儲蓄銀行總行掛牌成立。郵政儲蓄銀行註冊資本200 億元，存款餘額 1.7 萬億元人民幣，擁有儲蓄營業網點 3.6 萬個，綠卡發行量超過 1.4 億張，自主運用資金規模接近 1 萬億元，成爲國內第五大銀行。在此基礎上，全面啓動郵政儲蓄省（區、市）分行及所屬分支機構的組建工作。

郵政速遞物流改革取得突破性進展。2009 年基本完成了全國各省（區、市）的速遞物流省、市、縣一體化專業經營和速遞物流專業總部整合，以及速遞物流專業股份制改造準備和獨立運營準備等工作。郵政速遞物流專業經營基本到位後，進一步實施了分帳核算和股份制改造，同步開展了配套機制的改革，推動郵政速遞物流專業由郵政企業的一項業務加快向市場經營主體和損益責任主體轉變〔註111〕。2010 年 6 月，中國郵政速遞物流股份有限公司成立。

2009 年 9 月，中郵人壽保險股份有限公司正式成立，進一步豐富了郵政金融業務品種，促進了郵政金融業務的多元化發展。

郵政主業和輔業分離也在加快推進。中國郵政集團公司完成了一批副業企業的改制工作，關停了一批虧損嚴重的對外投資企業。郵政原來有幾千家賓館酒店。郵政體制改革後，中國郵政集團公司加大了酒店資產清理盤活力度，採取集中運作、合理組包、統一進場的市場運作方式，取得了較好的經濟效益和社會效益。〔註112〕

〔註111〕 參見劉安東：「中國郵政集團公司 2009 年工作報告」。
〔註112〕 參見劉安東：「中國郵政集團公司 2007 年工作報告」。

6.6.2　建立許可制度──賦予快遞企業法律身份

修訂後的《郵政法》首次將快遞業務納入調整範疇，並建立了快遞業務經營許可制度。從 2009 年 10 月 1 日開始，快遞業務經營許可制度制度正式實施。按照「優質、高效、規範、廉潔」原則，國家郵政局依法有序推進快遞業務經營許可工作。2010 年，國家郵政局為實施快遞業務經營許可制度，召開宣貫會議 139 次，舉辦培訓班 171 期，出動 7100 人次，核查現場出行里程 40 萬公里。〔註 113〕到當年年末，頒發許可證 5889 件，占快遞市場 90%以上份額的快遞企業依法獲得經營許可。

修訂後的《郵政法》不僅僅是建立了經營快遞業務必要的「門檻」，更重要的是確立了快遞企業的法律地位，使長期以來頂著「黑速遞」帽子艱難發展的各類快遞企業獲得了合法身份，只要經過法定的許可程序，即可成為快遞市場合法、平等的主體，與其他企業開展公平的市場競爭。特別是修訂後的《郵政法》提出「鼓勵競爭、促進發展」的監管原則，其實是明確地規範了政府對市場的管理思路。事實證明，這一原則振奮了市場主體的精神，極大地釋放了行業發展活力。

6.6.3　郵政市場的蓬勃新面貌

在《郵政法》基礎上，相繼制定實施了一系列配套的部門規章〔註 114〕，一批行業規劃、政策、標準等陸續出臺。中央政府對郵政企業實行稅收優惠政策，為郵政普遍服務、特殊服務撥付了財政補貼，開展了西部郵政普遍服務網點改造和空白鄉鎮郵政局所補建。在地方政府層面，也給予了郵政普遍服務有利的發展政策和扶持資金。

另一方面，快遞服務持續快速發展，形成國有、民營和外資多元主體競合、多種所有制並存、多層次服務共生的市場新格局，市場化、網絡化、規模化、品牌化程度不斷提高。《郵政法》施行的次年，2010 年，全國快遞業務量完成 24 億件，快遞業務收入完成 573 億元，分別是「十五」末的 300%和 250%。快遞占整個郵政行業業務收入的比重達到 45%。從 2000 年到 2004 年，中國快遞業務量年平均增長速度為 20%。隨著經濟總量的不斷增長以及經濟結構調整

〔註 113〕參見國家郵政局 2011 年工作報告。
〔註 114〕包括《郵政普遍服務監督管理辦法》、《快遞市場管理辦法》、《快遞業務經營許可管理辦法》等。

的逐步深化，從 2006 年到 2010 年，中國快遞市場的年平均增長速度突破 35%。

國有郵政企業的發展也取得了一定成績。2011 年，中國郵政集團公司以 2809.36 億美元的營業收入、實現利潤 130.69 億美元，進入世界五百強企業，排名第 342 位。2012 年，中國郵政集團公司在世界 500 強排行榜中排名第 258 位。

《郵政法》施行五年的效果，可以從行業經濟規模的增長情況管窺一貌。

2008～2012 年，全行業業務收入，由 960 億元增至 1981 億元，業務收入翻了一番；五年間年平均增速約 20%；同比增幅逐年攀升，從 2008 年的 14% 提高到 12 年的 26.9%；2012 年較 2011 年增長了 419 億元，占五年間增長量的 40%以上。

2008～2012 年，全行業業務總量由 908 億元增至 2037 億元，業務總量增長了 120%以上；五年間年平均增速 22%，超過業務收入的增長速度；同比增幅逐年攀升，從 2008 年的 15.5%提高到 12 年的 26.7%；2012 年較 2011 年增長了 429 億元。〔註 115〕

2012 年，在國民經濟增速總體回落的背景下，郵政行業繼續保持平穩較快發展。全行業累計實現業務收入 1980.9 億元，同比增長 26.9%，較上年同期提高 4.6 個百分點；實現業務總量 2036.8 億元，同比增長 26.7%，較上年同期提高 1.7 個百分點。全年累計業務收入和業務總量均達歷年新高。

6.6.4 轉變中的政府職能

從 2006 年到 2009 年，國家郵政局的機構改革和政府職能調整在不斷深入。2006 年的改革，主要是實行政企分開。〔註 116〕2008 年 3 月，根據國務院新一輪的機構改革方案，「爲加強郵政與交通運輸統籌管理，國家郵政局改由交通運輸部管理」。〔註 117〕2009 年 2 月 19 日，國務院常務會議審議通過了《國

〔註 115〕數據來源：國家郵政局《郵政行業經濟運行摘要》2012 年第 9 期。2008～2010 年的郵政全行業業務總量根據 2010 年的不變單價進行調整。

〔註 116〕2006 年 2 月 13 日，《國務院辦公廳關於印發國家郵政局主要職責內設機構和人員編制規定的通知》（國辦發〔2006〕7 號，簡稱 2006 年「三定」規定）中規定，重組國家郵政局，國家郵政局實行政企分開，繼續行使政府郵政監督管理職能，企業職能剝離給新組建的中國郵政集團公司。

〔註 117〕2008 年 3 月，十一屆全國人大一次會議審議通過了《國務院機構改革方案》，明確國務院機構改革的主要原則是堅持政企分開、政資分開、政事分開、政府與市場中介組織分開，全面推進職能轉變，正確配置各部門職能。《國務院機構改革方案》對郵政管理體制做出重大調整，「爲加強郵政與交通運輸統籌管理，國家郵政局改由交通運輸部管理」。

家郵政局主要職責內設機構和人員編制規定》（（國辦發〔2009〕21 號，簡稱 2009 年「三定」規定）。與 2006 年的國家郵政局「三定」規定〔註 118〕相比，新的「三定」規定與修訂後的《郵政法》緊密銜接，同時集中反映了國務院深化行政管理體制改革的要求，明確了國家郵政局職能轉變的重點，突出了著重管宏觀、管戰略、管規劃、管政策的總體要求，突出了加強公共服務和社會管理事務的工作重點，進一步優化了郵政管理行政組織結構。

根據修訂後的《郵政法》和 2009 年「三定」規定，國家郵政局加快了政府職能的轉變。

一是適應經濟社會發展需要，取消、下放或移交了一些政府不該管、管不了、管不好的事項。

進一步減少和規範政府對微觀經濟運行的直接干預，明確取消了已由國務院公佈取消的行政審批事項。例如，把過去實行的「郵政分支機構的設立審批」改為「事後備案」，鼓勵郵政企業多開辦、多設立郵政服務網點，壯大郵政網絡規模，提高公共服務質量。推進政府和行業組織職能分開，更加重視發揮行業自律作用。2009 年 2 月，中國快遞協會正式成立，標誌著「政府監管、行業自律、社會監督」三位一體的快遞管理體制和市場約束機制初步形成，為促進郵政業健康發展、建立統一規範競爭有序的快遞市場秩序進一步奠定基礎。

二是把政府的行政資源和工作重心轉移到公共服務和社會管理上來。

國家郵政局明確提出要確保城鄉居民享受安全、便捷、合理價格的郵政普遍服務，並在郵政設施、資金補貼、運輸條件等方面落實《郵政法》，加強了國家對郵政普遍服務的管理職責，推進基本公共服務均等化。同時，建立了郵政業消費者申訴機制、郵件（快件）時限測試、郵政業服務質量公報等相關制度，強化了對公共服務的監管和對消費者權益的保護。此外，根據郵政安全發展需要，落實了國家郵政局「負責郵政行業安全生產監管，負責郵政行業運行安全的監測、預警和應急管理，保障郵政通信與信息安全」等職責，強化了社會管理能力的建設。

三是堅持把政府應該管的事情管好，特別是在管理手段上加強經濟社會事務的宏觀管理。

政企分開後，針對或多或少還存在著的企業管理的思維方式，「一些原來

〔註 118〕　《國務院辦公廳關於印發國家郵政局主要職責內設機構和人員編制規定的通知》（國辦發〔2006〕7 號）。

熟悉的東西還沒有完全放下，一些不太熟悉又急需熟悉的東西還沒有完全掌握」，國家郵政局明確提出：「要切實轉變職能，把不該管的事情轉出去，把該由政府管理的事情切實管好。要從制度上更好地發揮市場在資源配置中的基礎性作用，確保企業的市場主體地位；從過去習慣於干預微觀經濟活動的思維定勢中解放出來，對過去比較陌生的宏觀調控和營造發展環境等工作要盡快熟悉起來。加快政企分開、政事分開、政資分開、政府與市場中介組織分開，將工作重心轉移到管規劃、管政策、管標準上來，加強戰略研究、統籌協調和宏觀指導。從新體制、新職能、新工作的特點出發，加強重大問題研究，謀劃大思路，將郵政管理的各方面工作置於經濟社會發展大格局之中。」與政企合一時相比，重組後的國家郵政局站在整個行業的高度而不再是單一企業的角度，明確了「擬訂郵政行業的發展戰略、規劃、政策和標準」這一重要職能。同時，國家郵政局還負有「提出深化郵政體制改革和促進郵政與交通運輸統籌發展的政策建議」的職責，新增了「負責郵政行業統計、經濟運行分析及信息服務」、「擬訂保障郵政通信與信息安全的政策並監督實施」、「推進行業科技工作」等職責，基本上確立了代表國務院管理整個郵政行業的性質與地位，行業管理的手段也更加豐富。

四是把「促進郵政業發展」作爲國家郵政局轉變政府職能的中心任務。

修正後的《郵政法》將「促進郵政業健康發展，適應經濟社會發展和人民生活需要」作爲立法宗旨之一。在實施《郵政法》的過程中，國家郵政局認眞分析了行業發展形勢，認識到「人民群眾日益增長的用郵需求與郵政業相對落後的服務能力之間的矛盾，是郵政業最基本的矛盾」。據此，國家郵政局重組後的主要工作，都以「加快郵政業發展，更好地服務經濟社會發展和人民群眾生產生活需要」作爲核心。制定並組織實施郵政業的發展戰略、行業規劃和產業政策；進一步加強郵政基礎工作和基礎設施的建設，爲行業發展提供支撐；加大了郵政法制建設力度，營造良好的發展環境；依託「大交通」平臺，抓住改革帶來的發展機遇，充分發揮交通運輸的資源優勢和組合效率，提供更好的郵政服務。鼓勵重點企業擴大發展領域、整合發展資源、拓展發展空間；研究探索快遞物流如何與工業化、信息化融合，向製造業、加工業等產業鏈延伸。努力變挑戰爲機遇，進一步推進產業升級，推進行業結構調整和發展方式轉變，引領行業可持續發展。

第 7 章　郵政法修改過程中的外國郵政法考察

7.1 美國郵政法

　　美國郵政雛形創立於英國殖民時期。美國立國後，郵政對經濟社會發展和美利堅民族的形成，發揮了不可替代的作用。歷史上，美國郵政一直是幫助國家建立信息之路的先鋒。〔註1〕

　　美國憲法第一款第八條授予了美國國會「設立郵政局和修建郵政道路」的權力。這也是建立美國郵政的憲法依據。除憲法以外，美國關於郵政的法律法規及規章主要包括：1、美國郵政法（United State Code 39.U.S.Postal Service），2、私營快遞條例（The Private Express Statutes），3、實施私營快遞條例的聯邦法規，美國聯邦法規第 39 卷郵政（CFR39--Postal Service）：第一章美國郵政服務（Chapter 1-U.S.Postal Service）、第五附章限制私營運遞信函（Subchapter E-Restrictions on Privare Carriage of letters）第 310 節（Part310）、第 320 節（Part320）。

7.1.1 《私營快遞條例》

　　早在 1792 年，美國國會就頒佈實施了《私營快遞條例》（The Private Express Statutes）。制定該法令的目的，就是要保護郵政部門的基本收入，保障郵政部門能夠在國家全境提供無差別的郵政服務，防止私營企業只在盈利地區經營

〔註1〕 18 世紀，美國郵政建立了公路郵路，通過郵件投遞將人民與國家連接在一起。19 世紀中期，建立了鐵路郵路，進一步支撐了普遍服務。20 世紀初期，建立了航空郵路。

而損害美國郵政的服務能力。

《私營速遞條例》由一組民事和刑事條款組成。民事部分主要規定除美國郵政以外，任何個人或企業運遞信件的行爲都是違法的，除非向郵政部門支付相當於應收郵資的補償金。刑事部分主要見於美國刑法典第 83 章「郵政部分」，從第 1693 條至第 1697 條對違法從事郵件收寄、運遞的行爲做出了非常詳細的禁止性規定，並設定了刑罰。如第 1693 條規定：進行違法郵件運遞（收集、接收或運輸任何信件或包裹），將被處以罰款或 30 日以內的監禁，可以並罰。第 1696 條規定：設立私營速遞企業運遞信件、包裹的，或以任何方式在依法設立的郵路上、已有定期郵班的兩地之間組織、提供信件、包裹運遞的，處以罰款或 6 個月以內的監禁，可以並罰。

然而，進入 1970 年代以後，社會對信件寄遞的時限提出了更高要求，民營快遞公司發展迅速。在此背景下，美國郵政與以 UPS（聯合包裹）、FedEx（聯邦快遞）等爲代表的快遞公司之間關於信件專營的矛盾日趨激烈。經過多年的辯論和一些司法程序，郵政信件專營制度逐漸被突破。1979 年，美國郵政總局根據市場變化，頒佈了規章《關於私人運送信函的限制》。其主要內容包括：

一、首先對爭議焦點之一「什麼是信件」做出了定義，規定：「信件是指記錄在有形物品上交與特定人或地址的信息」。根據《私營速遞條款》，大致來說，信件的基本特徵包括：1、信息應是可以記錄下來的資料或消息。2、將信息記錄在有形物品上的方式爲手寫、印刷文字、繪畫、盲文、磁介質讀寫等多種方式。3、記錄信息的有形物品包括但不限於紙張、錄音磁盤和磁帶。4、「特定人或地址」是指信息或裝有信息的包裝物，單個地或者多封地投遞到某一特定人或地方的名稱和地址。

以下不屬於信件：電報，金融票據（股票、債券等）、契約（抵押、出租、轉讓合同等），法律訴訟文件，報紙和期刊，24 頁以上的書籍、電話簿、目錄冊，以信件形式封裝的郵購物品，相片及其底片，向大眾傳播的、含有相同內容的錄音帶、膠捲等。

二、有條件地放開部分信函市場

（一）用資費補償方式作爲私營快遞公司經營信件業務的基本條件

《條款》第 310.2 條規定：私營企業如果收寄信函，必須按照對應的郵資標準，向郵政部門支付費用。

（二）以高時限或高資費作為郵政市場准入門檻

一是高時限，即對速遞信件服務有明確的時限標準。《私營速遞條款》第 320.6 條規定：從事速遞信件的企業對 50 英里範圍內且在上午交寄的緊急信函必須在 6 小時之內或在當天工作日結束前完成投遞，在上午到午夜之間交寄的緊急信函必須要在第二個工作日的上午 10 點之前完成投遞；其他緊急信函必須要在 12 個小時之內或第二個工作日的中午之前完成投遞。

二是高資費，即私營企業經營信件速遞服務的資費標準必須是美國郵政資費的兩倍，並且不低於 3 美元。由於美國郵政 85% 以上的信件業務資費在 3 美元以內，因此，高資費政策保障了美國郵政對信件市場的主導地位。

7.1.2 《美國郵政重組法案》

一、立法背景

美國郵政立法與郵政體制的改革是密切關聯的。如前所述，自 18 世紀組建以後，美國郵政長期是聯邦政府機構〔註 2〕。1829 年開始，郵政部就是內閣機構，郵政部長是內閣成員之一。在這種體制下，郵政盈利全部交聯邦財政，虧損也全部由聯邦財政補貼，郵政雇員全部是聯邦公務員。然而，二戰以後，由於多年的財務混亂、管理鬆懈、郵資定價機制僵化不反映實際成本等多重因素，美國郵政逐步受困。到 20 世紀 60 年代中期，美國郵政部已陷入深度的經營危機之中。〔註 3〕1966 年，芝加哥發生舉國震動的郵件大積壓事件，同時出現部分地區的郵政大罷工，對社會造成嚴重影響。尼克松總統不得不緊急命令軍隊來運輸郵件。

在社會的不滿與壓力下，對郵政部的改革立即提上聯邦政府議事日程。

1970 年 8 月 3 日和 6 日，美國國會參眾兩院分別通過了《郵政重組法案》（Postal Reorganization Act）。1970 年 8 月 12 日，經尼克松總統簽署生效。據此，

〔註 2〕 美國郵政是建立歷史最悠久的聯邦機構，僅次於國務院。但是，如果從殖民地時期起算的話，美國郵政的創立還要早得多。

〔註 3〕 與非政府企業相比，郵政雇員收入太低；另一方面，郵政又長年經營虧損，需要政府財政的巨額補貼。1967 年的國會聽證會上，國會議員們認為，郵政部長的權力和職責完全脫節，郵政部長對於郵政部的工作量、雇員工資、收費標準、服務質量和設備設施的效率，不能夠進行有效控制，沒有履行職責所必要的權力。儘管郵件量在迅速地增長，但處理郵件的方式還停留在 200 年前的水平。

1971 年 7 月 1 日，郵政部撤消，美國郵政總局（US Postal Service）開始運作。

表 7-1 美國郵政從政府內閣部門到政府獨立執行機構的改革時間表

時　間	行　動
1967 年 4 月 8 日	約翰遜總統發佈總統令成立郵政改革委員會
1968 年 6 月	郵政改革委員會發佈（郵政改革）報告
1968 年～1970 年	國會舉行聽證會聽取對（郵政改革）報告的建議
1970 年 8 月 12 日	經尼克松總統簽署，《郵政重組法案》生效
1971 年 7 月 1 日	美國郵政總局（U.S. Postal Service）成立 （改革前爲：郵政部 Post Office Department）
1972～1984 財年	逐步取消美國國會給美國郵政的年度撥款

二、主要內容

《郵政重組法案》的核心是將原來的聯邦郵政部轉換成聯邦政府全權所有的、獨立的、自負盈虧的郵政公司（An independent, selfsupporting postal corporation wholly owned by the federal government）。

《郵政重組法案》的主要內容包括：

（一）撤銷郵政部，郵政進行重組，定名爲 US Postal Service（簡稱 USPS，一般譯爲美國郵政總局），性質是聯邦政府獨立執行機構。〔註4〕

（二）組建郵政董事會，由 11 個成員組成，是美國郵政的最高管理集體，其職責與公有公司的董事會的職責相似。董事會成員中的 9 人由總統根據參議員的建議和意見任命。9 人選舉出一個總局長，再由 9 名董事和總局長選出一名副總局長，同時也對董事會負責。董事會負責確定美國郵政的政策、基本目標和長期目標，指導和控制郵政服務的支出，審查實施情況，參與長期計劃的制定，並且設定所有郵政事項的政策。在一定的條件和限制下，董事會可以授予郵政總局長法律規定的必要權力。

（三）美國郵政總局以商業形式運行，並獲得足夠的收入以支持其提供的服務的成本，將其成本分攤於郵政體系的各項業務。在立法說明中，美國國會特別要求郵政總局承擔社會責任，保持健康的財務狀況，既不虧損，也

〔註 4〕據此，美國郵政總局長不再是內閣成員，不再被列入緊急狀態下總統職位繼任人名單。

不要求盈利。《郵政重組法案》規定，美國郵政虧損從 1970 年的政府全額承擔，逐漸降低政府補貼額度，直到 1983 年全部取消補貼。

（四）國會不再保留制定郵政資費的權力。制定郵政資費的權力，授予了美國郵政總局，允許郵政總局根據成本和通貨膨脹率靈活地在一定幅度內調整資費。由郵政董事會負責批准合理公平的郵件種類、合理公正的資費率。此外，法律授予董事會批准、保留、否決、同意決議的權利，有權脩改由郵政資費委員會提出的關於郵政費率及郵件分類變化的議案。

但是，郵政資費的調整是受到相當嚴格的監管的。根據《郵政重組法案》，組建了郵政資費委員會（Postal Rate Regulatory Commission）。資費委員會爲一個 5 個成員的監管委員會，負責研究成本數據和競爭者、工會和各類郵件用戶的不同意見，以每 10 個月爲周期確定新的郵政資費和郵件業務級別標準。

（五）郵政員工仍然是聯邦政府雇員，但用人制度賦予了更多的靈活性。郵政職工可以像其他私營公司的職工那樣，通過集體的討價還價來商討自己的工資、工時以及工資條件。

《郵政重組法案》在保留美國郵政爲政府公營機構屬性的同時，將商業化運作程度大大地向前推進了一步。

7.1.3 《郵政責任與加強法案》

一、立法背景

1970 年代的郵政改革和《郵政重組法案》，適應了社會發展的需要，也極大地促進了郵政的發展，使美國郵政繼續保持了舉足輕重的社會影響力。〔註5〕到 2005 年，美國郵政已擁有 3.8 萬個郵局，400 個郵件處理設施，70 萬名正式職工和 10 萬名非正式職工，日郵件投遞量 6.8 億件，日服務地址 1.43 億個，年收入 700 億美元。這個時期的美國郵政似乎處於最輝煌的時期。

但是，光彩奪目的背後，美國郵政其實面臨著深層次的危機。

第一，信件業務的萎縮。

美國郵政的核心業務是信件業務，即一類郵件（帳單、結算表、書信等）

〔註5〕 作爲美國最大的雇主，截止到 1999 年 12 月，美國郵政正式員工 79.4 萬人，非正式員工 16.8 萬人。1999 年，美國郵政投遞的郵件超過了 2000 億件，收入達到 625 億美元，名列財富雜誌世界 500 強排行榜的第 25 位，是世界上最大的郵政企業。

和標準 A 類郵件（廣告郵件）。從業務量上來說，這兩類郵件合計占郵件總量的 90%；從收入上看，占郵政總收入的 80%。

業務結構高度集中，使得美國郵政的發展高度依賴於信件業務的未來。信件業務的構成是否發生變化，信件業務的增長或下降，以及被新技術替換或被私營公司競爭搶走信件市場份額等，都會對美國郵政的可持續發展產生重大的影響。

1999 年 10 月，美國總會計署 GAO 曾向眾議院郵政小組委員會發出警告：高達 170 億美元的郵政年收入（占一類郵件總收入的一半），因爲被電子帳單和電子付款業務取代而減少。一類郵件量從 2003 年開始下降，從 2002 年的 1075 億件下降到 2008 年的 900 億件，每年的下降速度爲 2.5%，總的下降幅度達到 16%。

第二，強而有力的外部競爭。

1980 年代，以 UPS、FedEx 爲代表的私營運遞公司積極拓展包裹業務，佔據了絕大部分包裹業務市場。UPS 控制了普通包裹的配送市場，其中企業到企業（尤其是 B2B）的包裹業務。FedEx 主要經營文件和包裹的航空次日遞。1997 年，在整個美國包裹市場，UPS 所佔份額爲 51%，FedEx 爲 26%，美國郵政包裹市場份額爲 13%。剩下 10% 的市場份額爲其他眾多的小型運遞公司。〔註6〕

第三，國會和立法對郵政市場化經營的限制。

作爲聯邦政府的獨立執行機構，儘管美國郵政商業化運營程度已經大大提升，但仍然滿足不了進一步發展的需要。與其他市場競爭者相比，美國郵政仍然在業務範圍、經營決策權力、工資待遇等方面受到嚴格的限制。

面對郵政生存環境的變化和發展的壓力，以及各種有關郵政改革不同勢力的鬥爭，美國政府開始醞釀新的郵政改革，通過新的郵政立法又一次成爲時代的要求。

2001 年，美國政府開始著手新一輪郵政改革，美國郵政也意識到必須積極準備，並開始組織力量制定改革方案。

2002 年 4 月，美國郵政向國會和美國公眾提交了郵政改革計劃。這是一個著眼於保證郵政有更多的經營自主權，而推出的郵政轉型計劃。

2002 年 12 月 11 日，美國總統布什發佈總統令，成立郵政改革委員會，該委員會由總統任命的 9 名成員組成，其使命是審查美國郵政的現狀，向美

〔註6〕徐承懿，譯自《美國郵政報導》。

國總統提交一份闡明美國郵政發展願景的報告，並對所需的立法和行政改革提出建議。

2003 年 7 月 31 日，郵政改革委員會通過財政部長向布什總統提交了郵政改革建議報告。

2004 年 5 月 20 日，美國郵政改革委員會提出《美國郵政改革法案》(參議院法案)。

郵政法的修改工作也在與郵政改革法案同時進行。2005 年 4 月 13 日，《美國郵政法修正案》(眾議院法案) 由眾議院政府改革委員會一致通過，7 月，眾議院正式通過了該議案。

2006 年 2 月 9 日，《美國郵政改革議案》(參議院法案) 又獲得參議院通過。

這兩部法案有許多相似條款，主要內容有：

（一）郵政專營權將被重新定義。要求私營公司投遞有址信函時收取至少 6 倍於一類郵件資費的費用，同時允許美國郵政以均一資費提供 6 日投遞和普遍服務。

（二）郵政員工的集體談判權將通過立法得到明確保護。同時爭端的解決程序將被簡化，輔之以行政調解手段並取消事實查詢程序。

（三）允許美國郵政盈利。盈利所得將用於郵政基礎設施投資，提高員工工資或是調控郵資。

（四）郵政資費委員會將被重組，更名為郵政監管委員會(Postal Regulatory Commission)。通過增強的權力對資費和服務規章制度新體系進行監管。對於大多數郵政服務產品(一類郵件、標準郵件、期刊郵件等)來講，之前實行的成本服務體系將被價格指數體系代替。也就是說，新體系中美國郵政隨時都可提高資費，只要其資費總體提高水準沒有超過基準指數(如居民消費價格指數)即可。

（五）美國郵政競爭類產品(包裹和快遞郵件)的資費將由其自身根據規則制定，避免交叉補貼；同時符合財務會計標準，提高競爭類產品定價的透明度。

（六）2003 年國會實施的 CSRS 資金改革法案(P.L.108-18)要求將以前由納稅人支付的退伍郵政員工 270 億美元養老保險金的成本轉給美國郵政承擔。以後，這部分成本將由美國財政部支付，美國郵政不再承擔。同時，CSRS 基金改革法的「委託賬戶」條款，即要求美國郵政將 2005 年後所有存款(每

年大約 30 億美元）存入至美國財政部的賬戶下將被廢除。美國郵政將使用廢除「委託賬戶」獲得的閒散資金作爲目前爲止尙未建立的退休員工健康保險預備資金。

其後，經參眾兩院聯席會議研究，決定合併《美國郵政改革法案》（參議院法案）和《美國郵政法修正案》（眾議院法案），形成了《郵政責任與加強法案》（The Postal Accountability and Enhancement Act of 2006（簡稱 PAEA））。新議案重返兩院審批後，經總統簽署後即成爲新的郵政法。

2006 年 12 月 20 日，美國總統布什正式簽署命令，批准《郵政責任與加強法案》生效並開始施行。

二、《郵政責任與加強法案》中關於郵政體制改革的主要內容

（一）關於郵政管理體制

美國郵政總局保留了政府獨立執行機構的地位，仍然具有行政管理權和執法權〔註7〕。但是，美國郵政總局的企業化運作的程度大爲提升。

同時，郵政資費監管委員會改組爲郵政監管委員會（the Postal Regulatory Commission，簡稱 PRC）。新成立的郵政監管委員會由 5 名委員組成，委員由參議院同意並經總統任命，任期爲 6 年，除了總統以外其他人無權撤銷；挑選委員會成員的依據是其技術資格、專業聲譽及其在經濟學、會計學、法學或公共管理等方面表現出來的專業水準。郵政監管委員會是獨立的行政機構，負責總體管理美國郵政的各項事務。新法賦予郵政監管委員會更爲廣泛的監管權力。除管理郵政服務資費外，郵政監管委員會還負責監管美國郵政總局的郵政服務質量、郵件安全。郵政監管委員會具有準司法權，可以對美國郵政進行行政處罰，受理與美國郵政有關的上訴和申訴。

（二）關於郵政服務的概念和範圍

郵政服務是指「信函、印刷品和可以郵寄的包裹的寄遞服務，包括接受、收集、分揀、運輸和其他輔助服務」。郵政服務的定義將用來確定郵政監管委員會的職責權限和美國郵政的經營範圍。

（三）將郵政產品分爲市場壟斷產品和競爭性產品

此次郵政改革，突出的特點就是清晰地界定郵政公共服務和商業化服務

〔註 7〕 美國郵政總局有 2000 餘名郵政監察官和 1000 餘名郵政警察，執行與郵政有關的聯邦法律，執法權限和聯邦調查局相同。

的界限，按照促進郵政市場化改革的方向，逐步推進不同產品適用不同的監管和發展政策。

郵政法修正案將郵政服務分爲市場主導型服務（即事實壟斷型服務）和競爭型服務。市場主導型服務包括：一類郵件和封裝的包裹、期刊郵件、標準郵件、媒體郵件、單件國際郵件、單件郵政包裹、裝訂印刷品。美國郵政提供的上述服務具有事實壟斷的地位。競爭型服務包括優先郵件、快遞郵件、大宗國際郵件、大宗郵政包裹、郵遞電報。市場主導型服務和競爭型服務的資費制定政策和程序不同。美國郵政不得將市場主導型服務的收入交叉補貼競爭型服務。郵政監管委員會可以根據市場情況的變化調整兩類服務的內容。

新法規定，對市場壟斷產品和競爭性產品實行不同的資費監管體系。對前者的價格監管較後者嚴格，市場壟斷產品價格應提交郵政監管委員會審查，競爭性產品的價格則由企業根據市場需要自行確定。而且，即使是市場壟斷產品，美國郵政監管委員會在審批其資費的期限上也比以前大大縮短，以前需要幾年時間，現在往往只要幾個月就可以。這樣，就使得資費更加眞實地反映公共服務的成本變動情況，降低一次大幅度漲價的震盪性。資費的調整，可以由美國郵政總局向郵政監管委員提出價格監管相關建議和分析報告，等待郵政監管委員最後確定。

（四）關於信件快遞的市場准入條件

改革後，美國進一步擴大了郵政業務的開放範圍。除了過去的特別緊急信函以外，進一步開放了其他信函業務。按照《郵政責任與加強法案》規定，私營公司滿足下列情況之一，可以經營信件快遞業務：（1）私營公司的資費是郵政基本資費（單件一類郵件重量爲一盎司時的資費）的 6 倍以上時；（2）信件重量在 12.5 盎司（354 克）以上時。郵政法修正案授權郵政監管委員會制定具體的管理辦法。

三、《郵政責任與加強法案》實施後的影響與優缺點

《郵政責任與加強法案》（PAEA-2006 年《郵政法》）賦予了美國郵政新的權限工具，爲美國郵政靈活適應市場需求，靈活調整產品和價格邁出了第一步。從根本上，這部法案改變了美國郵政的商業模式。按照過去的《郵政法》，美國郵政採取盈虧平衡的模式，財務上不賠不賺就滿足了法律的要求。

但是,《郵政責任與加強法案》結束了這種盈虧平衡的模式。美國郵政從此可以賺取利潤並重新投資於業務。郵政在某些領域有了更大的靈活性,而對市場主導產品的價格調整可以在不高於消費物價指數(CPI)的範圍內進行。而且,該法案還制定了新措施,旨在確保財務、服務和運營決策方面的透明度和經營責任的更高標準。

對於美國郵政而言,新法案的一個最大優點是有力地改變了有著 36 年歷史的舊商業模式,美國郵政經營的靈活性、自主性得到新的提升,而且不再需要經過長達 10 個月的「審判式程序」來變更國內費率。〔註8〕

美國郵政總局認為,新法案的一項缺點是,郵政監管委員會將郵政與大客戶簽訂的每個合同看作其自己的成本和定價「產品」。這就意味著,美國郵政每一個合同必須獨立存在,不能與相應的已公佈費率進行財務匯總,這就限制了美國郵政的市場競爭能力。郵政監管委員會一直不允許對現有產品和價格的結構進行調整,這也大大限制了美國郵政應對市場變化的能力。郵政在可拓展的業務線方面受到了制約,很多業務是不允許做的:根據《郵政責任與加強法案》,美國郵政總局只被允許提供被認為是「郵政」性質的業務、或限制「非郵政」服務,法律中對「郵政業務」的狹隘定義限制了美國郵政可提供的產品解決方案的種類。

可見,美國郵政總局一方面歡迎《郵政責任與加強法案》,另一方面又認為法案存在不足,在實際運行中產生了矛盾:法案允許美國郵政獲取利潤,但卻限制美國郵政產生利潤的手段,將美國郵政能夠提供給客戶的產品限定在了現有的狹義郵件和包裹業務中;法案將郵件規定為高優先級的類別,但這類郵件可能無法涵蓋其成本或僅可勉強涵蓋其成本,法案沒有對控制成本方面提供新的靈活性,反而為 90% 的業務設定了價格上限。〔註9〕

7.1.4 美國郵政立法的新變化

《郵政責任與加強法案》發佈於 2006 年,這一年也是美國郵政業務量的頂峰之年。隨後,美國郵政漸漸步履維艱,甚至進入難以為繼的地步。其陷入困境的因素很多,但與《郵政責任與加強法案》制定時相比,差別不大。

〔註 8〕 但是,國際資費轉由郵政監管委員會監管(以前,國際資費需經總統批准,而且程序繁瑣、執行消極)。

〔註 9〕 參見美國郵政總局副總裁保羅·沃格爾到國家郵政局所作情況介紹,2008 年 11 月 3 日。

主要還是不能適應網絡科技發展的現狀。隨著電子郵件的大量使用，郵政業務量以驚人的速度逐年遞減。另外，迅速崛起的聯合包裹服務公司和聯邦快遞，不斷積壓美國郵政的市場份額。而且，美國郵政機構日益龐大，管理費用和人工成本居高不下。美國郵政總局近 80% 的開支是用於員工薪酬福利（與之相比，聯合包裹只有 61%，聯邦快遞只有 43%）。而且《郵政責任與加強法案》制定時，由於郵政經營狀況尚佳，法案規定郵政總局要為退休職工繳納高額的醫保開支。實際情況是，自 2007 年起，美國郵政就已無法平衡年度預算。2011 財年的第一季度，美國郵政虧損超過 3 億美元，全年總虧損額達到 64 億美元左右。

為了消減龐大的開支，美國郵政也在從自身提效減支等方面努力。〔註 10〕然而，美國郵政總局也很清楚，如果拖延轉型調整與結構性、基礎性的改革，到 2020 年，累計虧損額有可能達到 2380 億美元。其實美國郵政一直也期待通過立法改革，可以被賦予更多的經營自主權，比如：重新整合郵件處理、投遞及零售網絡；簡化企業治理結構；自主開發產品並制定價格；能夠自主決定投遞頻次；嚴格控制醫療和養老支出；賦予員工更多的靈活性。在美國國內，民眾也普遍希望美國郵政經營得更像一家企業，而不是一個強大的政府機構。〔註 11〕

2011 年，美國國會推出《2011 郵政改革法案》，其重心是重組郵政業務、削減郵政成本。據稱，該《法案》將取消週六投遞郵件，允許美國郵政關閉處於財務困境的郵局和區域性郵件處理中心。建立一家償付機構——郵政財務責任和管理協助局，參照特區控制委員會進行設置和命名，職責權限包括削減成本、保護普遍服務、恢復美國郵政財務償還能力等。該機構可將美國郵政資產作為擔保，行使追加 100 億美元的借款授權。《法案》還擬規定，組建郵政重組委員會，負責檢查郵政基礎設施，並對產能過剩和多餘設施進行清理。第一年，郵政重組委員會將建議關停價值 10 億美元的郵局；第二年，郵政重組委員會將建議關閉價值 10 億美元的郵件處理中心，並將郵政管理設

〔註 10〕 2008 年，美國郵政總局關閉了全國 80 家地方分支機構中的 6 家，提前勸退 15 萬名職工，撤銷了 521 個管理崗位。對剩餘的 74 家分支機構，撤銷了 1400 個管理崗位，將管理人員的數量消減 15%。並且，向美國郵政監管委員會提出了「一週只投遞五天」的要求，以此降低服務成本。

〔註 11〕 王旭譯：「美國郵政呼籲打破行政壁壘實現自主經營」，《郵政研究》，2012 年第 5 期。

施削減 30%。如果美國國會通過郵政重組委員會的建議，這些建議如寫入立法，預計每年將爲美國郵政節省 60 億美元成本。〔註12〕

7.2 歐盟郵政指令

1993 年 11 月 1 日，根據《馬斯特里赫特條約》，歐洲聯盟（簡稱歐盟）正式誕生。通過 2004 年和 2007 年兩次成批的新成員國加入，歐盟達到 27 個成員國，人口總計 5 億，面積約 432 萬平方公里。國內生產總值超過 16 萬億美元。

自組建以後，歐盟即致力於建立一個單一市場，通過一個標準化的法律制度，適用於所有成員國，保證人員、貨物、服務和資本的遷徙自由。爲此，歐盟通過「指令」的形式進行歐盟立法，以保持一個共同的貿易政策。這一政策體系包括農業政策、漁業政策和區域發展政策等，也包括郵政市場政策。

7.2.1 歐盟 1997 年郵政指令

對於歐洲各國而言，郵政幾乎都是最古老和最重要的政府事業服務。17 世紀，由英、法發展起來，確定了由國家郵政系統爲公眾運送信函。19 世紀中期，在英國開始進行的郵政改革使郵資降低到普通人能夠承受的水平，並引入了全國統一的郵政資費。經過兩個半世紀的發展，國家郵政已經成爲歐洲國家社會生活至關重要的一個必需元素。

但是，從 1980 年代開始，伴隨著通信和運輸技術的進步，郵政越來越受到影響。特別是 80 年代中期開始，私營的遞送公司借助飛機和信息化改造，經營能力大爲提升，能夠爲商業文件提供「尤重時效性」的特快、可靠的傳輸。

爲應對在傳統的國家郵政市場發生的變化，歐洲委員會在 1988 年末開始綜合考察投遞服務行業，並於 1992 年 6 月發表了「郵政綠皮書」。綠皮書指出，在質量和效率方面，各成員國的郵政服務差別很大，而且存在過寬的行業壟斷，造成一種「邊境效應」，阻礙了實現歐洲共同市場的目標。因此，這部郵政綠皮書建議，制定一部共同體範圍內的郵政指令，對郵政壟斷做出最

〔註12〕辛兵海，譯自 CEP-Research，載於國家郵政局網站，http://www.spb.gov.cn/folder11/folder37/2011/09/2011-09-1690883.html，最後登錄時間：2013 年 2 月 19 日。

大程度的限制，推動使歐洲內部郵政服務自由化；同時，推動每個成員國建立一個獨立的郵政規制機構，強制執行郵政普遍服務的服務標準。

1997 年 12 月，歐盟制定發佈了《郵政服務 97／67 號指令》〔註13〕（簡稱「歐盟 1997 年郵政指令」），將「改善服務質量、使國內郵政服務市場使用更為便利」定義為歐盟郵政服務政策的主要目標。指令要求建立歐盟統一的郵政服務市場；規定了郵政普遍服務的定義；還規定了非保留郵政業務服務質量、相關的標準、資費原則、進入郵政網絡的通路、帳目的透明、技術標準的統一化。總而言之，郵政指令建立起了歐盟統一的郵政服務框架，並給成員國留出適應不同國家國情的自行相應制定國家郵政法的空間。

按照歐盟 1997 年郵政指令，「350 克及以上的信函占信函總量的比例不到 20%，占公共經營者收入的比例不到 30%；資費標準（基本資費的 5 倍）將更好地區分保留服務和已被放開的快遞服務。」因此，歐盟 1997 年郵政指令第三章第七條規定：「為確保維持郵政普遍服務，每個成員國可以保留給郵政普遍服務提供者的服務應為國內郵件的攬收、分揀、運輸、投遞，無論是否採用快速投遞，其價格低於最快標準類別第一重量級別信函的公共資費的 5 倍，前提條件是它們的重量不足 350 克。向盲人及半盲人提供郵政服務時，可以允許不遵循重量及價格限制。」

7.2.2 歐盟 2002 年郵政指令

2000 年 3 月，歐洲議會里斯本特別會議正式通過了「里斯本戰略」，其中專門指出了郵政服務的現代化問題。歐洲議會要求歐委會從 2000 年底開始消除郵政服務壁壘的戰略、加速郵政服務的自由化，以實現全面的經營性的國內市場。歐洲議會也考慮到，在國內市場框架和以知識為基礎的經濟模式內，全面考慮公眾的經濟利益和保障服務的承諾等方面的條款規定的重要性。

據此，2002 年 6 月，歐洲議會修訂了 1997 年歐盟郵政指令，形成了 2002／39 號指令（也稱「歐盟 2002 年郵政指令」）。郵政保留業務（壟斷業務）削減到單件重量低於 100 克並且資費在基本資費 3 倍以內的信件業務；2006 年，此限制將進一步降低為單重 50 克及 2.5 倍資費以內；在 2009 年 1 月 1 日前，歐盟各國應全面完成國內郵政市場自由化。

〔註13〕該指令全稱為：《歐洲議會及理事會 1997 年 12 月 15 日第 97/67/EC 號指令：關於發展歐共體郵政服務內部市場及改進服務質量共同規則的指令》

指令還要求歐委會每兩年起草郵政指令執行情況的進度報告，以及該行業內的其他發展情況，尤其是經濟的、社會的、就業雇用、技術和服務質量等方面。〔註14〕此外，要求歐委會至 2006 年末，準備好「一份評估每一個成員國在 2009 年全面完成郵政國內市場自由化對普遍服務的衝擊的預期研究報告」，並提出「決定 2009 年是否是正確的全面完成郵政國內市場自由化的日期，並在研究結論裏提出其他決定性步驟」的建議書。

2003 年 10 月，歐委會採取了另一項推進郵政服務國內市場自由化的新的步驟，批准了服從某些附加條件的第 2 版 REIMS 協議（REIMS II）。歐盟 2002 年郵政指令推行後，出口跨境郵件具有了更大的自由化程度，歐委會要求加入 REIMS II 的 17 個歐洲普遍服務提供者應按爲其他普遍服務提供者提供的相同條件投遞私營經營者發運的進口跨境郵件。還要求每一個普遍服務提供者准予在投遞國爲其他普遍服務提供者提供國內普通郵資的有效途徑。歐委會的命令明確表明了「終端費」必須反映出投遞的實際成本，並表示將使用罰款的手段來鼓勵普遍服務提供者實現跨境郵件的服務質量目標。

7.2.3 歐洲郵政市場的開放情況

《歐盟 1997 年郵政指令》頒佈後，歐盟各成員國相繼修改本國郵政法，〔註15〕逐步向歐盟內部開放了單件 350 克以上或基本資費 5 倍以上的信件投遞業務市場。2003 年，根據《歐盟 2002 年郵政指令》，100 克以上或基本資費 3 倍以上的信件市場也開放了。3 年後，2006 年開放範圍又進一步擴大至 50 克以上或者基本資費 2.5 倍以上的信件市場。按照原計劃，歐盟所有成員國應於 2009 年實現內部郵政市場全面開放。但是，由於法國、意大利等國的強烈反對，歐盟最終決定將這一期限推至 2011 年，而且剛入盟的波蘭等中歐 9 個新成員國以及希臘和盧森堡等 2 個老成員國可以再延遲兩年，在 2013 年前完成市場開放。

目前，歐盟 27 個成員國中，有 7 個成員國已經在正式截止日期 2011 年 1 月 1 日之前開放了郵政市場，分別爲芬蘭（1991 年）、瑞典（1993 年）、英國（2006 年）、德國（2008 年）、荷蘭（2009 年）、愛沙尼亞（2009 年）、西班

〔註14〕參見歐盟委員會諮詢報告《歐洲郵政市場的發展》，2006 年。

〔註15〕據歐盟官員介紹，自 1997 年《歐盟郵政指令》發佈以來，所有的歐盟國家都修改了本國郵政法。其中德國修改了 4 次，瑞典、葡萄牙、斯洛文尼亞等修改了 3 次，英國、意大利、比利時等修改了 2 次。

牙（本地郵件開放）；而 9 個成員國於 2011 年 1 月 1 日全面開放了郵政市場，分別爲奧地利、法國、比利時、丹麥、斯洛文尼亞、保加利亞、意大利、愛爾蘭和葡萄牙；剩下的希臘、盧森堡、波蘭、拉脫維亞、立陶宛、捷克、斯洛伐克、匈牙利、羅馬尼亞、塞浦路斯和馬耳他等 11 個國家將在 2013 年前完成市場開放。

值得注意的是，儘管歐盟郵政市場的開放已經是大勢所趨，但是在開放過程中，成員國的立場還是旗幟鮮明地分爲兩大陣營：

一種意見是以法國、意大利、西班牙、比利時、塞浦路斯、希臘、匈牙利、盧森堡、馬耳他、波蘭爲代表。這一派意見認爲，歐盟委員會的市場開放提議未能令人滿意地解決郵政普遍服務的資金籌措問題。在一份聯合新聞公告中，這一派意見的支持者提出：「至目前爲止，有所限制的保留業務被公認爲行之有效地解決了普遍服務的資金問題，保留業務且已有正確定義，在取消這一唯一的措施之前，提出眞正行之有效的解決資金的措施是必要的。」

如波蘭郵政曾經警告過，廢止保留業務將導致「投遞時限和頻次、收集郵筒郵件的頻次和郵政網點營業時間等方面服務質量的下降」。

UNI（國際網絡工會）歐洲郵政分會是一個代表歐洲郵政領域的行業工會，其著眼於市場完全的開放將惡化本行業已經呈下降趨勢的就業形勢。UNI歐洲郵政分會聲稱：「我們很難從市場完全開放可能帶來的結果中找出任何有積極意義的社會影響。」

另一種意見是以德國、英國、荷蘭等國爲代表的贊成派。

如英國皇家郵政首席執行官亞當・克羅澤說，儘管他本人最初不願意在英國開放郵政市場，但現在他強烈地相信競爭對皇家郵政公司和用戶雙方面都是有益的。他說：「皇家郵政在三年裏從一個虧損的企業轉爲盈利」，儘管削減了 55000 名工人，皇家郵政現在的員工隊伍更有幸福感、工資水平更好、工作效率提高。

芬蘭郵政公司總裁 Jukka Alho 指出：在郵政行業結構重組的種種措施所引起的裁員現象，在電子化替代物的影響下，多年來早已存在。靈活的自由化才是唯一的創造可持續發展的工作崗位的方法。

瑞典郵政公司副總裁 Bergstedt Sten 女士指出，儘管瑞典地大人稀，實施自由化以來的 13 年歷史證明了「完全有可能」在不需要任何額外的資金籌措機制的情況下經營普遍服務。

荷蘭郵政經營者 TNT 首席執行官彼得・巴克認爲:「讓新進入市場的經營者在『是交錢還是經營』兩者中間選擇,是一種強硬的壁壘……是保護貿易論派的行爲」。然而他仍有所讓步:如果實際確實有籌措基金的必要,也應該由所有的經營者來承擔,包括普遍服務提供者,並且由一個獨立機構來管理以避免交叉補貼。他還呼籲所有的經營者接受 2009 年作爲最終期限,強調「15 年是一個足夠做好準備的時間」。

德國郵政總裁克勞茨・祖溫科認爲,普遍服務義務的相關條款確實是歐委會新提議的薄弱環節,因爲這些條款將導致種種壁壘,高到使自由化只是停留在純理論化上。他堅持所有的歐洲市場在同一時間開放,聲稱其他國家如法國在關閉的同時而德國已經開放,這是不公平的,「這好比說(法國)雷諾公司可以在德國銷售汽車,但大眾公司不能夠在法國銷售汽車一樣。」〔註 16〕

7.3 日本郵政立法

7.3.1 曾經長期穩定的日本郵政法

日本在明治元年(1868 年)設置驛遞司掌管通信事務,這是日本郵政的開端。到 1870 年,頒佈書信郵便法,同年三月,將驛遞司改爲驛遞僚,並且禁止「民間私帶不貼郵券書信」,「於是郵傳之權始操於驛遞僚」。1873 年制定郵政規則,規定郵政事業專屬國家。制定郵便條例。至明治十八年(1885 年)改革官制,新設遞信省,「全國之郵政愈加改良,始就完備。」〔註 17〕

根據清末撰寫的《日本郵政全書》所做的介紹,日本《郵便法》施行於明治三十三年(1900 年)三月。其第一條即已規定:「郵便,政府管掌之。」第二條規定:「無論何人,不得爲送達信書之營業。運送營業者,及其使用人,不得依運送方法,爲他人送達信書。但添附於貨物之無封書狀,及送致之憑單,不在此限。」第四十一條第一款規定:「於第二條違反者,處以二月以上、二年以下之重禁錮,附加五元以上、五十元以下之罰金。」〔註 18〕

〔註16〕 參見工業和信息化部電信研究院:《歐盟郵政指令的新進展》,2007 年 10 月 28 日。

〔註17〕 參見楊樞:「前言」,郵政研究社:《日本郵政全書》,光緒三十三年(1907 年) 5 月發行,日本東京秀共社印刷。

〔註18〕 郵政研究社:《日本郵政全書》,光緒三十三年(1907 年) 5 月發行,日本東京秀共社印刷。

二戰後，日本於 1947 年 12 月 12 日頒佈了《郵政法》（法律法規第一百六十五號）。這部法律長期施行，直到 1990 年代末都未作大的修改。在這部郵政法下，郵政實行政企合一。中央政府設置郵政省，作爲主管全國郵政業務和電信行政管理的政府部門。〔註 19〕

7.3.2 郵政改革推動了日本郵政法的修改

1998 年，日本國會通過《中央省廳改革基本法》，對中央政府機構進行改革。根據這部法律，2001 年 1 月 6 日，原郵政省、總務廳、自治省和公正貿易委員會、環境糾紛協調委員會合併，成立了新的總務省。在總務省成立的最初幾年，原郵政省的郵政經營管理部分被縮編爲總務省郵政事業廳，仍然延用了郵政政企合一的體制，但卻醞釀著一場大變革。

2001 年 4 月，小泉純一郎出任日本首相之後，大力推行各種改革，提出了「沒有改革就沒有日本社會的將來」的口號。除了在經濟結構方面進行改革之外，小泉政府還決定對郵政事業、道路公團以及養老保險體系等實施徹底的改革。小泉曾在 90 年代任郵政大臣，深知郵政之弊端，所以他極力推行日本郵政改革，將郵政改革視爲其所倡導的「結構改革」的突破口。

2003 年 4 月 1 日，郵政事業廳又被改組爲日本郵政公社。日本郵政公社由總務省〔註 20〕監管，集郵件、郵政儲蓄、郵政匯款、簡易人壽保險等業務及郵局設施爲一體，是國家所有的提供公用性服務的公用性企業。郵政公社擁有郵政局 24700 個，員工 40 萬人，成爲日本最大的國營企業，資產規模達 350 萬億日元（約折合 3.1 萬億美元）。年業務收入總額高達 1946 億美元（含郵政儲蓄和保險），其中包裹、郵件等寄遞服務收入爲 184 億美元，年遞送郵件總量達到 270 億件。同時，日本郵政也是世界上最大的儲蓄銀行。雖然仍

〔註 19〕 郵政省內設郵務局、儲金局、簡易人壽保險局、通信政策局等，是全國郵政經營管理的決策、控制層。全國設 12 個地方郵政局，負責地方郵政機構的人、財、物等方面的組織管理。與地方郵政局相對應設同級郵政監察局，歷行監察職能，負責防範並處理違犯法律之類的問題。

參見郵電部郵政總局國際合作處：「日本郵政通信組織與管理」，載於《中國郵政》，1996 年第 1 期。

〔註 20〕 總務省內設郵政服務政策規劃局。主要職能是：對日本郵政及從事日本郵政信件遞送的企業進行監督、制定有關郵政業務的規劃和方案、負責郵政方面的國際事務與協調工作。郵政局下設 5 個課：總務課、郵政規劃課、儲蓄規劃課、保險規劃課和信函業務課，並專門設有檢查監理官。

爲國有制，但日本郵政公社的成立改變了 50 多年來的傳統管理體制，完成了日本郵政的政企分離，邁出了郵政體制改革的重要一步。

小泉郵政改革的核心是郵政民營化，這也是改革的最終目標。但是，小泉的郵政改革方向遭到了利益集團和部分民眾的反對。2005 年 8 月 8 日，日本參院投票否決了小泉首相純一郎提出的郵政民營化改革法案。爲此，小泉純一郎不惜解散眾議院，重新舉行大選。最後，險中求勝，小泉的自民黨、公明黨聯盟獲得了超過三分之二的議席，爲郵政民營化法案得以通過鋪平了道路。

2005 年 10 月 11 日下午，重新舉行的日本眾議院大會通過了小泉政府再次提出的一攬子郵政民營化法案（338 票贊成、138 票反對）。該系列法案（包括郵政民營化法案、日本郵政股份有限公司法案等 6 項法案）於 12 日提交參院審議通過。

日本郵政改革的主要內容包括：2007 年 10 月後，郵政公社轉爲民營化，成立日本郵政株式會社。根據《郵政株式會社法》等法律，郵政集團共有 5 家公司，即 1 家控股公司和 4 家股份公司（包括：日本郵政株式會社（控股公司）、郵政事業株式會社（郵政業務公司）、郵政局株式會社（郵政窗口公司）、株式會社郵儲銀行（郵政儲蓄銀行）、株式會社人壽保險（郵政人壽保險公司））。郵政株式會社是控股公司，持有下屬郵政事業株式會社與郵政局株式會社發行的所有股票，並負責兩公司的經營管理及支撐工作。郵政株式會社設立經營委員會，負責郵政業務的經營及管理。郵政業務公司經營函件、包裹等郵政業務，國內、國際郵件的分揀、運輸及投遞等。郵政窗口公司以接受委託的形式，經辦郵政事業公司、郵政儲蓄銀行及郵政保險公司的各項業務。郵政儲蓄銀行經營普通存款、定額存款、定期存款、國債投資信託、外幣兌換等業務。郵政保險公司主要經營終身保險、定期保險、養老保險、學資保險、年金保險等保險類產品。

根據郵政民營化法案，從 2007 年 10 月開始，過渡期爲 10 年，日本郵政將在 2017 年完成私有化。過渡期內，將逐步擴大每個公司的經營自主權，開展各種新業務。改革初期，由郵政控股公司持有郵政事業公司、郵政窗口公司、郵政銀行及郵政保險公司的全部股份，但到 2017 年前，郵政控股公司必須售出所擁有的郵政儲蓄銀行和郵政保險公司的全部股份。10 年過渡期結束後，郵政儲蓄和郵政保險兩家公司要與其他私營金融公司平等競爭，徹底民

營化，並在東京證券交易所掛牌上市。但郵政事業公司、郵政窗口公司的股份仍由郵政控股公司掌握，不得出售。郵政員工也由公務員轉爲公司雇員。

7.3.3 信件市場准入制度

2003 年 4 月前，信件業務爲國家壟斷性業務，屬專營業務。2003 年 4 月，日本頒佈了《民間經營者投遞信件法》，確立了新的郵政信件制度。根據該法，此前國家完全壟斷的郵政信件業務，被有條件地允許民營公司進入，但實行業務許可制。民營公司在開展業務前必須經過總務省的審查，並獲得批准。在該法中規定了郵政信件業務市場的准入條件、申請手續等。

該法將信件業務分爲「普通信件」和「特定信件」。信件業務准入也分爲兩個類型：

一類是普通信件業務准入。「普通信件」是指重量在 250 克及以下、外形尺寸不超過 40cm×30cm×3cm、投遞時限在 3 日以內的函件業務。經營普通信件業務的准入條件有兩條：一是保證普遍服務義務（均一資費；全國範圍每個工作日的郵件（含 1 件）收投；以及遍佈全國的公共郵箱等收寄網點）；二是保證信件信息安全。由於相關法律對普通信件業務做出了嚴格的服務條件、設施等規定，加之全國統一價格的資費要求，所以迄今爲止尚無民營公司涉足普通信件市場。

另一類是特殊信件業務准入。特殊信件的範圍，第一種是重量超過 4 公斤或長寬厚度之和超過 90 公分的信件，第二種是投遞時限不超過 3 小時的信件，第三種是資費不超過 1000 日元的信件。非郵企業在取得許可證的前提下可以經辦特殊信件業務。截至 2008 年 9 月末，日本從事特殊信件業務的公司已達 272 家。[註21] 日本總務省表示，目前仍在研究擴大特定信件業務範圍，

[註21] 據日本總務省介紹：2007 年 12 月，有 253 家企業領到了特殊信件業務經營許可證。2008 年 9 月末，日本從事特殊信件業務的公司爲 272 家。截止 2010 年 3 月，一般信件業務仍然只有日本郵政在提供服務，而特殊信件業務有 317 家非郵企業經營。2003 年～2008 年平均每年有 50 家非郵企業進入信件市場，其中參與大型信件服務的企業數量最多，達到 264 家，其次是高附加值服務。2008 年非郵企業經營的特殊信件業務量爲 425 萬件，是 2007 的 1.1 倍。日本信件市場的份額比重也在發生變化。由日本郵政經營的信件量從 2001 年的 262 億件減少到 2008 年的 212 億件，而非郵企業經營的信件量（具有信件性質，如賬單、發票、商品介紹等）從 2001 年的 8 億件增加到 2008 年的 26 億件。

調低「重量 4kg」和「郵資 1000 日元」的標準，並探討郵政事業株式會社的收入中，各種不同重量信件比例的數據，深入研究重量、郵資等的標準問題。

7.3.4 日本郵政改革立法的新變化

日本郵政改革始終受到政黨政治的巨大影響。民主黨上臺以後，郵政改革路徑又有了大的變化。2009 年 10 月 20 日，日本內閣會議決定，為確保全國各郵局均可為國民提供普遍公平的服務，在郵政改革方面，除了對日本郵政集團下屬各公司的服務和經營實際狀況進行詳細調查外，還要提出新的郵政改革法案，代替郵政民營化法，並從 2009 年 12 月 4 日起，停止出售郵政株式會社、郵政儲蓄銀行、簡易保險公司股份，直至新的法案出臺為止。

下一步日本郵政法修訂可能出現的走向：一是廢除郵政民營化法。自 2005 年 10 月，日本制定郵政民營化法後，邊遠地區的郵局關閉急劇增加，當年關閉 222 個，2006 年關閉 307 個，2007 年關閉 438 個，2008 年關閉 354 個，2009 年 2 月末關閉 258 個。這些局所的關閉嚴重影響了國民享受郵政普遍公平服務的權利。為此，日本新郵政改革法案規定，郵局網絡應當定位為保障各地區國民以及弱勢群體權利並消除差別的網點，郵政儲蓄和簡易保險基礎服務應當承擔普遍服務義務，並探討取代銀行法和保險法的新規制，以實現法律上的保證。二是對郵政機構進行調整。將原 1+4 模式（郵政控股公司+郵政事業公司、郵局公司、郵政儲蓄、郵政簡易保險）改為 1+2 模式（郵政控股公司+郵政儲蓄、郵政簡易保險）。三是改變控股比例。由原來的 100%控股，並在 10 年內出售郵政儲蓄、簡易保險全部股份，改為政府對郵政控股公司實行 30%的永久性控股，郵政控股公司對郵政儲蓄銀行、簡易保險公司實行 30%的永久性控股，以保證政府對郵政的控制權。四是經營方式的變化。郵政控股公司直接經營郵政業務，郵政儲蓄銀行、簡易保險公司委託郵局提供金融服務。

第8章 結 語

8.1 由郵政法透視中國的社會變遷

正如古拉丁語所言：「有社會便有法律，有法律便有社會。」（Ubi societas ibi jus；Ubi jus ibi societas）。要準確地理解法律與社會的關係，依靠機械地在人們頭腦中尋求固定的答案，是一條走不通的思路。唯有基於社會的大環境、在時代的大變遷中去考察法律的問題，才能像單一天體運轉於宇宙中一樣感受到「萬物一體」的絢爛宏大。所以，理解法律的產生、發展、變化和演進，應當與探尋社會變遷和政治變革的原因相輔相成、同時進行，特別是要注重在生產方式和交換方式的變革中去理解法律形成的肇因。

因為社會是具體要素的集合，所以在探尋法律和社會互動關係的時候，還需要把那些組成社會的具體要素梳理、還原出來。在認識法律的過程中，我們有時候會自覺不自覺地以主觀的心態對待特定時代的特定法律，將後人對有關時代的空洞想像作為依據，以盲目的方法去肢解法律與社會的聯繫。這樣的結果，可能與所謂的歷史真實相差萬里，無法觸及特定社會立法者的真實思維，難以揭示法律在社會中的真正作用。因此，筆者認為，研究法律與社會的時候，比較好的辦法是既要聯繫現實，考察現實社會的生產力、生產關係和由此產生的社會關係、矛盾衝突，又要依靠一定的資料「回到過去」，深刻把握法律的社會因素，在特定法律所切合的時間段上、在瞭解我們所關注的時代的經濟、社會、政治、文化的基礎上，在回溯真實中獲得準確的認識，為把握法律與現實互動的規律做好準備。

本書的研究對象是郵政法。儘管無論從哪個角度來看，郵政法只是一部「小法」。但是，研究郵政法的過程，卻使筆者有機會徜徉於中國近現代社會，體驗百年中國風雲際會的不同階段的廣闊空間，靠近一個體會社會變遷對中國法制演進的影響、理解法律與社會關係的窗口。

從 19 世紀中葉以來，中國社會就處於歷史性的大轉型之中。這種轉型，實際是一場聲勢浩大、波瀾壯闊、絕無僅有的社會革命。革命的爆炸力、衝擊力和深入力，波及和推進到了中國社會的每一個角落，影響了中國社會的方方面面。

在長達一百年的持續的社會轉型期，中國社會出現了以下變化：一是經濟體制的變化。由自然經濟進入商品經濟，由半殖民地色彩強烈的商品經濟進入計劃經濟，再向市場經濟轉型。二是社會形態的變化。一個五千年的傳統的農業社會逐步向工業化社會過渡，在世界新一輪的產業革命中又努力地試圖搭上信息化的班車。三是社會結構的變化。總的來看，儘管有反覆、有衝突、有挫折，但中國社會畢竟是從封閉走向了開放，從單一的國內市場走向了國際市場，從被迫進入國際化到主動參與國際化、進而享受國際化帶來的便利和進步。四是政治體制的變化。儘管在一定時期、一定範圍和一定人群中，專制和集權的勢力仍然強大，但整個政治體系、經濟制度和社會文化心理的大方向是民主、自由、平等，這個潮流不可抗拒、不可阻擋。

由此而下，法律的處境成爲中國社會的縮影之一。近現代的中國法當然已經不可能回到中華法系的傳統中，但又要因爲樹立和堅持新的內容而承受舊有觀念、意識和制度的激烈衝突，在這種兩難境地中，近現代的中國法律「曲折發展」。因此，梁治平先生提出：在考察中國法的發展時，視野只是集中在各項成文的法典、法令是遠遠不夠的，恰恰是那些孕育法律生長的各種社會條件、民族觀念、心態認識需要得到更多注意，「是這些東西決定著法律的命運，它們才是支配社會的眞實的法律。」〔註1〕

清末是中國封建社會的最後時期。在這個階段，中國原生的商品經濟已經有了迅速的發展。在沿海地區和交通發達地區，特別是中心市鎮逐漸成爲農村市場和城市市場的集散或中轉市場。包括本文研究的民信局在內，一些具有特色、因應當時社會發展需要的商業組織和交易形式開始興起。但是這

〔註1〕 梁治平：《法律——中國法的過去、現在與未來》，中國政法大學出版社 2002 年版，第 151 頁。

種薄弱的商品經濟，對傳統經濟的滲透能力非常有限。廣大的中國內地市場仍然是傳統市場，維持著自給自足的小商品模式，而且與外界的聯繫不多。自然經濟頑強地抵抗著傳統小農經濟與外界聯繫的擴大和近代市場的深入。在近代工業和近代交通出現之後，這種阻礙性就表現得更加突出了。

在中國近代郵政建立之前，民信局已經存在上千年了。儘管它完成了實質上的民間通信的任務，做出了突出的貢獻，但民信局其實呈現的是「小、散、弱」的狀態，始終無力在全國大多數地區擔負起廣泛通信的責任。核心原因是當時中國社會的經濟基礎是自然經濟，民信局雖然是商品經濟的產物，但商品經濟在這一時期的中國社會中，注定只能作為自然經濟的補充，並為自然經濟服務。中國封建社會下的原生形態的商品經濟先天不足、生長緩慢，依靠這樣的商品經濟來承擔瓦解漫漫幾千年根深蒂固、基礎雄厚的自然經濟，顯然是不現實和不可能的。在此前提下，以民信局為代表的自發型商品經濟網絡，只能延續緩慢增長的道路，只能始終徘徊於社會化大生產的大門口。正如本文論證中發現的，一方面，民信局的網絡基本集中在沿海、僑鄉、大市鎮，即使存在了相當長的時間，它向內地、農村伸展的速度十分緩慢，另一方面，民信局是小資本經營，這就決定了無論是經營方式還是治理結構，仍然帶有比較濃厚的小農特點，「做大」的意願不強，而抵禦風險的能力也同樣不強。在當時的社會歷史條件下，民信局再「拼命」發展，也不可能迅速調整社會流通方式，不可能改變守土重遷、與外界殊少往來的自然經濟文化觀念，這就等於限制了民信局的發展道路，使它的頭頂上永遠橫亙著一面透明的玻璃天花板。這也從另一個側面說明，處於從屬地位的原生態的商品經濟，需要借助其他動力才有可能完成將傳統市場向近代市場轉變的重任。

至於古老的郵驛，其實是封建社會國家管理職能的具象之一。郵驛的設立，從來不是為促進經濟發展和提高人民福利，它的服務對象直接是封建社會的國家管理者。所以，當封建社會風雨飄搖的時候，郵驛自然會成為舊時代、舊制度日薄西山的代言詞。當郵驛裁撤，其政府通信職能被吸收到後面建立的國家郵政中去的時候，可以把這視為一種社會制度的進步。

鴉片戰爭以後，一系列口岸通商開埠，對外貿易和西方制度衝擊對傳統市場形成了重大影響，近代市場和近代工商開始形成。商品交換內容、中國內地市場結構的傳統特徵，與沿海經濟較發達地區的市場結構的近代化特徵產生了鮮明對比，出現了近代市場和傳統市場相對立的現象。

　　然而，在外國資本主義侵略及新市場制度規範下，中國的社會近代化不得不屈從於西方強權建立的「不平等條約體系」。西方列強進入中國市場，依靠的是槍炮，通過戰爭取得了一系列政治、經濟特權，實現對中國的政治侵略和經濟掠奪。這就造成一方面隨著外國資本主義侵略的深入，中國傳統的自然經濟逐步分解，近代市場得以緩慢拓展，市場經濟也處在低水平和慢速度的發展過程中。特別是在中國東南部地區和沿海通商口岸，傳統市場逐漸向近代市場過度。另一方面，這種轉型和發展帶有強烈的殖民主義特徵，市場機制發育不健全，市場供需嚴重扭曲。

　　客郵和近代國家郵政的建立，可謂是這一時期西方力量進入中國發生上述兩種不同效用的最佳例證。

　　西方強權衝擊對中國獨立自主發展路程產生了惡性的破壞和阻斷，是對中國主權的全方位侵犯，形成近代中國百年苦難的淵源。雖然客郵便利了西方僑民的對外聯繫，但其本身的設立目的，絕不是要向中國人傳播近代文明的福音，而是「具有更深的政治意圖」，核心是爲了獲取更大的殖民利益。因此，以客郵爲代表的殖民勢力，根本不可能解決中國近代社會變遷的動力問題，反而會給中國社會轉型帶來災難，是中國民族自尊心和自強意識中「痛苦和艱辛」的代名詞。

　　同時，也要看到，西方的進入帶給長期封閉、嚴重落後的中國社會一個學習、比較、反思、提升、革命的機會。在西方政治經濟文化均居於強勢地位的巨大影響下，中國社會歷史發展的進程發生了重大改變。洋務運動、清末新政等「自強」、「變法」的主張，在與西方的比較中，獲得了時人的讚同。變法不僅僅是被動的應付，西方先進的生產方式、生產經驗和科學技術，在十分艱難的條件下被移植到中國，客觀上促進了中國近代商品經濟和民族資本主義的萌芽和壯大，誘發了中國先進生產力的產生和發展。

　　這一時期，中國近代國家郵政在篳路藍縷的狀況下，艱難開局。儘管一路艱辛，但是作爲社會化大生產的組成部門，近代郵政不僅滿足了國人上千年期盼的通信需求，爲正在發展的商品經濟和民族資本提供了深入城鄉、通達海外的路徑，而且將西方先進的管理技術和管理思想、西方文明的生活方式傳入古老中國。郵政傳遞的書信、報刊、書籍、商品等等，開闊了國人的眼界，解放了國人的思想，激發了國人的思考，使中國社會近代化的因素大大增加，爲後續的中國社會的轉型創造了條件。外來力量的介入，使近代中

國國家與政府的協調控制手段被迫做出調整。政府不得不對社會公共生活的要求予以一定程度的滿足，不能不將國家的經濟政治力量部分地投入以前從未涉足的公共服務領域，於是以電報、鐵路、郵政等爲代表的洋務「新政」興起，成爲國家資本脫離政府、軍事用途以後，首次運用於「爲民謀利」的嚆矢，也代表了中國早期工業化的最大成就。應該說，這種成就在中國近現代社會變遷和轉型中是起到了巨大的作用的。其意義，即使在百年之後的今天也不應被低估。

但是，這一時期，西方殖民勢力的侵入，使傳統中國的國家主權、帝國權威與政治架構遇到了愈發嚴峻的挑戰與衝擊，也遏制了中國民族資本的發展，侵奪了發展的市場。列強勢力，以客郵爲代表，由早期的口岸通商的經濟事務，逐步向中國內陸拓展，逐步侵蝕到近代中國的政治生活與政治運作過程之中，阻礙中國社會進步。這一系列的內憂外患影響著晚清朝廷（包括繼起的民國政府）在郵政領域的決策能力與行爲選擇，也在中國社會引起了強烈的民族主義情緒，進而直接影響到立法的價值取向和面貌。

在 19 世紀末 20 世紀初極爲特殊的國際經濟政治環境下，近代國家、民族、社會思想在中國加速傳播，「中華民族」的民族自覺意識逐漸形成。中國人由沾沾自喜的「華夷之辨」，終於認識到自己已經成爲一個弱國病夫。因此，追求國家平等成爲中國人普遍的認識。當時的中國民眾渴望融入世界，渴望能夠獲得平等的國家權利和民族地位。然而，在「弱肉強食、適者生存」的國際規則之下，貧弱的中國被欺凌、宰割、瓜分，甚至到了亡國滅種的邊緣。此時，屈辱感和自尊心同向增長。對中華民族命運的關切、對國家主權和民族獨立的渴望、對外部勢力侵略的反抗，終於形成社會廣泛共識，並且迅速凝聚，激發了中國民族主義蓬勃發展的一個時期，對當時的社會政治經濟文化走向乃至法律的制定都起到了至關重要的影響。

一戰後對中國戰勝國地位的不公平待遇，成爲久已存在的民族主義火山爆發的缺口。一戰的爆發，曾經給中國外交帶來了一些活動的餘地，爲中國掙脫不平等條約的羅網提供了一個突破口。中國參戰的動機之一，不過是藉此提升國際地位，爭取與各國平等的待遇，「把參戰視爲列席和會的入場券」。不管是當時的北洋政府，還是民間輿論都有著強烈的願望，希望能按照列強公開的規則，以戰勝國的身份，「平等地」向列強提出修正不平等條約、收回淪喪國權的要求。因此，儘管在巴黎和會上被擱置一旁，中國人仍然沒有氣

餒，又把希望寄託華盛頓和會上。1921 年 9 月，中國向華盛頓會議提交了包括「撤銷客郵」在內的一系列提案，「深望此次主持公道與正理之太平洋會議，更進而將在中國之客郵問題下一公正之判決，使世界上少一不公正之事」。在華盛頓會議的最後決議中，「取消外國在華郵局」成爲「中國在華盛頓會議上取得的惟一實質性成果」。除此以外，中國提出的其他提案（包括合理公正解決山東問題、重訂關稅單、取消治外法權、外國軍隊撤軍、收回外國租界、廢除領事裁判權、取消「二十一條」、收回租借地、取消勢力範圍、修改不平等條約等）都未能如願解決。這就是中國實際國際地位的真實寫照，「弱國無外交」又一次生動地教育了中國人。

1927 年南京國民政府形式上統一中國以後，民族資本主義在一定程度上得到發展，國家公營事業的發展獲得了更大的空間。1935 年，南京國民政府頒佈《郵政法》，該法規定：「郵政爲國營事業，由交通部掌管之」。從而明確了郵政的性質是「國家經營的事業」，由交通部代表國家掌管，界定了整部法律的方向和主要內容，並與《民國郵政法》「立法原則」中關於「郵政爲交通事業之一，應集權於中央，專由國家經營」的規定相呼應。之所以對「郵政國營」做出如此明確的規定，是有其特殊的時代背景和制度選擇的。一是立法者將郵政權作爲國家主權之一。以國家領域而言，國家就其管轄所及的範圍，享有領域主權，他國在其領域內不能有設置郵政之權利。二是受當時特定的社會本位立法觀影響。孫中山所倡導的三民主義旗幟要將一盤散沙似的中國凝結成團結的混凝土，爲此，他要求大家犧牲個人的自由，以便形成一個強盛的中國。因此，要放棄以資本主義的自由經濟爲主，以「人民公有」取代。受 1929～1931 年資本主義世界大蕭條的影響，在中國，也有相當一批知識分子和經濟學家對國有經濟充滿了好感。此外，在當時各國法律中，也都有郵政國營的規定。

中華人民共和國成立後，郵政繼續由「國家經營、國家管理」，這種體制的形成同樣有其特殊的時代背景。隨著解放戰爭的勝利，郵政是作爲官僚資本的一部分，比較完整地被新政府接收的由新生的人民政府接收。1949 年 1 月 15 日，《中共中央關於接收官僚資本企業的指示》明確要求接收官僚資本的工廠、礦山、鐵路、郵政、電報及銀行企業，並特別指出「必須嚴格地注意到不要打亂企業組織的原來的機構，不應任意改革及宣佈廢除。」當時各地對郵政、電信企業的接管工作，是嚴格貫徹執行這一政策，使郵政企業比較完整地成爲社會主義的國營企業。建國後，明確了國營經濟的領導地位作

爲「關係到國家經濟命脈、足以操縱國民生計」的郵政，毫無疑問地要按照《共同綱領》的規定和新生政權的經濟政策，「由國家統一經營」。這也有利於鞏固新生的國家政權的經濟基礎。此後，按照過渡時期總路線，中國國民經濟中的其他經濟成分，迅速地向公有制和集體制轉變。國營經濟完全掌握了國家的經濟命脈，在整個國民經濟中處於領導地位。隨著單一公有制的建立，全部農業、手工業、私營工商業的生產活動統統納入了國家計劃的軌道，市場調節因素基本上退出了經濟生活領域。中國經濟進入了單一的計劃調節機制時期。在這樣的背景下，郵政本就存在的國家經營、國家管理和計劃體制更加得到加強，並且最終完成了對行業內其他經濟成分的國有化改造。

在建國初的恢復重建時期，這種國家管理、國家經營、中央垂直、郵電合營的管理體制對郵政的恢復和發展發揮了重大作用。這種體制一直延續到80 年代，成爲中國計劃經濟的集大成。在這 30 年時間，郵政行業的計劃經濟經歷了從建立、到鞏固、到強化。它直接服務於中國的政治獨立、國防獨立，爲國民經濟奠定了極爲重要的經濟獨立的基礎，得以醫治長期戰爭的創傷，保障了人民的基本通信需要。而且，國家通過計劃體制，集中了必要的人力、財力和物力，進行有計劃、按比例、有重點、有平衡的大規模建設，迅速重建和發展了比較完整的郵政網絡和郵政經濟體系。但是，這種體制也有著嚴重的弊端。由於片面強調計劃的作用，否定和排斥市場的作用，郵政的運行受到了極大的限制。企業與企業之間基本不存在橫向的競爭關係和優勝劣汰，平均主義現象嚴重，效率和效益低下。國家過多地干涉企業的生產經營活動，企業實際成了國家行政部門的附屬物。片面強調國家集中，實行單一所有制，微觀經濟喪失活力。1956 年以後，非國有經濟多已被排斥。計劃經濟體制形成了「權力高度集中、利益格局一元和行政本位「的體制，其他經濟成分在發展經濟、活躍市場方面的積極作用，便無從發揮。

正是由於上述原因，中國對傳統計劃經濟體制進行『大刀闊斧』的改革再造。1982 年，中國共產黨十二大提出「計劃經濟爲主、市場經濟爲輔」的經濟體制模式。到 90 年代，對計劃和市場關係的認識進一步成熟，計劃和市場不再是社會主義與資本主義的本質區別。1992 年，中共十四大確立「我國經濟體制改革的目標是建立社會主義市場經濟體制。」中國經濟體制由此開始根本性變革，這場變革深刻影響未來中國的方方面面，決定中國此後立法的基本方向。

1976 年，中國從文革的歷史災難中走出來，人們開始深刻地反省和總結浩劫的根源。逐漸懂得，法律和制度必須具有穩定性、連續性，必須要有極大的權威，不能以任何領導個人的意志爲轉移。由此中國走上了加強國家法制建設，依法治國的軌道。法律眞正在中國的發展進步中取得了應有的地位，中國也由此進入一個延續至今的大規模的立法時代。

2001 年 12 月 11 日，中國對外開放進入到新階段，正式成爲 WTO 的第 143 個成員，標誌著完成了加入全球經濟的重要一步，以一種更爲強大的外部力量，直接促進了中國向市場經濟的轉型和發展，把相對封閉的國內市場變成全球化背景下國際市場的一部分。更深層次的是，在 WTO 規則和框架下，中國更加需要努力推進國內體制改革，用 WTO 的基本原則來評估中國的市場經濟體制的構建進展，使之更具有改革層面的積極意義。而且，在取得突破後，這種外部形成的改革動力，轉回來又進一步推動國家政策與法律的變革。

歷史是長期發展的歷程的記錄。作爲後人，當我們回顧歷史的時候，由於有更多的資料和評論，因此可以在一定程度上深入歷史，考察一個特定時代、特定事件，以及特定人物在這一時代和事件中的作爲，從而實現時空的穿越。但是，對於那些身處特定時代和特定歷程中的具體的人，他們可能囿於各種條件的限制，不可能如後人般事事皆知，完全掌握事態的各種條件和細節，不可能完全由自己的主觀認識，推演出全部符合未來眞實的演變。因此，後人對當時時局進行評論時，從自身理想和過往經驗，倉促地作出前人應該如此、不應該如此的判斷，未免過於簡單。其實，每一個人無論他身處的時代如何，在估計事態的發展、推斷不同的可能性的時候，他只不過是一個當事人，只能因應當時的條件，根據自身的處境，做出判斷和選擇。

前文中，我簡要回顧了中國百年，這百年期間出現了四個政權「滿清政府、北洋政府、南京政府和人民共和國」。如果以本文關注的郵政發展和郵政法演進作爲主線會更貼近準確一些的話，其實還可以細分爲五個時期：「清末、一戰結束、南京政府時期、計劃經濟年代、市場經濟年代」，可以將這一百年視爲近代中國從自然經濟主導向工商業經濟主導、從計劃經濟主導向市場經濟主導、從被動反抗外部壓迫向利用外部機制轉型的五個階段。其間，不斷地因爲中國社會內部的矛盾和外部的壓力而產生轉折，也不斷地由突發事件造成斷裂和突變，但總體上看，是有線索可循，而且是朝著脫離困境的軌跡前進。

　　歷史本來就沒有孤立的事件，因為它們都是交錯接踵而來的。對一個現象而言，假如我們不能全盤地、綜合地加以觀察與衡量，就可能使真相殘缺模糊，如同走入歷史的森林，見樹不見林了。而斷章取義的研究方法，無疑會使整個歷史因而被扭曲。

　　任何一個社會都會發展適合本身社會需要的政治形態，產生平衡內部矛盾的政治制度。只有因應現存社會的客觀條件，發揮平衡社會整體利益的功能，特定的法律制度和管理形式才能被社會認同並且行之有效。同樣的，在社會環境改變的時候，法律制度和管理形式就需要做出調整，甚至需要發生巨大的變更。如果社會環境的改變，比制度和管理結構的調整速度更快，就會產生矛盾，形成社會整體利益的損失。

　　因此，研究立法，既要有縱向的歷史座標，對特定制度的歷史演進有正確的認識，又要有橫向的深化，對當下的社會現實和社會矛盾有清醒、公正、客觀地認識，否則，研究的結果只能停留在門外，始終無法把握住歷史演進與社會變遷的真實面目。

8.2 立法中的新舊體制的衝突

　　本文是以「清末、一戰結束、南京政府時期、計劃經濟年代、市場經濟年代」為時代分界，與之相對應郵政立法出現了五個階段的成果，分別是《大清郵政章程》、1921 年《民國郵政條例》、1935 年《民國郵政法》、1986 年《郵政法》和 2009 年《郵政法》。在每一個時期，每一部郵政立法的產生過程都交織著新舊體制的衝突。

　　《大清郵政章程》的制定，意味著一個以西方模式為樣本建立的近代郵政出現在中國。這個新事物一降生，就和舊有的郵驛、民信局和客郵產生了巨大的矛盾和衝突，而後者已經存在延續了上千年、幾百年，最短的也是幾十年。因此，《大清郵政章程》無論是立法目的還是制度設計，很大一部分都在處理和郵驛、民信局以及客郵的矛盾，為新生的近代郵政鋪平道路。1921 年《民國郵政條例》，是在一戰勝利後為參加華盛頓和會而匆忙制定的，其立法的主要目的是明確中國國內法對郵政主權的規定，藉此要求列強裁撤客郵。而在這部立法後面的，其實是西方殖民體制與中華民族要求建立獨立自強的政治經濟新體制的矛盾與衝突，覺醒以後的中國人借《民國郵政條例》

提出郵政主權的主張,發出的是取消列強不平等特權、恢復國家獨立、擺脫被侵略、被掠奪、受欺凌地位的怒吼。1935 年《民國郵政法》進一步確定了「郵政國營」的原則。在此過程中,商品經濟和自然經濟的衝突終於見到結果,延續數百年的、數量多、規模小的民信局在不斷強大的國家資本面前敗下陣來,國家郵政一統江山的局面大致形成。中華人民共和國成立後,法律在相當一段時間裏並沒有太高的地位,總體來說立法處於一個緩慢停滯的時期。1986 年《郵政法》在總結建國 30 年郵政發展的經驗和教訓的基礎上,扭轉了郵政可以主要依靠政策管理的舊有認識,一個「依法治郵」、「法制高於政策」、「立法主要是保護人民基本權利」的新體制、新模式建立了起來。2009年《郵政法》的立法可以用「複雜曲折」4 字予以形容,集中反映了社會轉型過程中,長期存續的計劃經濟體制與剛剛建立的市場經濟體制的劇烈衝突。儘管中國的大方向已經及時轉到以經濟建設爲中心,儘管深化改革已經成爲行業內外廣泛的共識,。儘管高度集中的計劃經濟體制的弊病逐漸暴露,但是,在開始尋求有中國特色的改革道路和發展模式的時候,基於不同利益的不同理解和選擇,使這部行業立法成爲新舊體制矛盾的聚焦點。

中國的這一百年,可以說是社會轉型最激烈、矛盾衝突最集中、發展變化最富有戲劇性的一個時期。無論那一個階段的社會變遷,都意味著由一種社會形式向另一種社會形式的過渡,而在過渡期,總的趨勢是:新體制的因子在發育和成長,舊體制的元素在衰退和消亡。當然,這並不代表著新舊的交替全部都是順利交接、水到渠成,在特定條件下、特定時期中也不排除會出現反覆。這就造成了中國的社會現代化和中國的法制現代化儘管有一個形成共識的大趨勢,但仍然會處於一個又一個動盪不定的體制衝突中。兩種體制及其運行方式的摩擦幾乎總是不可避免的,這種摩擦會造成下述矛盾:

第一,兩種調節並存的矛盾。無論舊體制和新體制,在應對社會需要時都有自身的一整套的調節方式。當社會變遷進入到一定階段,舊體制尚存,而新體制又不能迅速接位的時候,就會出現兩種體制的調節方式並存,相互之間的衝突不可避免的情形。後者使前者失去原有的效能,在社會的新需要下節節後退;前者則使後者難以完善,難以順利「接權」,難以向高級形態自由發展。這兩種調節方式還會互相滲透,互相借鑒吸收對方的特點,並在對方的身上打上自己的印記,使兩者在實際的操作中都脫離原有的規範樣式。

第二,在雙重體制中地位不同的經濟主體之間的矛盾。在社會變遷的時

候推行改革，無疑需要法律制度予以確認和保障。但是，雖然法律是均一的、普遍的，雖然書面上會以統一規範的語言來表述法律制度，但法律所保障的對象——改革，其進度不可能完全均齊地進行。這種非均齊性可能是表現爲改革在某些部門、地域會快一些，而在其他的部門、地域會慢一些，這就造成了法律在實際適用上的個體差異。對改革進展快的個體來說，由於大量仍基本處於舊體制下的個體的存在，缺乏競爭的外在強制力，從而使改革難以充分達到預期目標，會產生改革偏袒利益既得者的認識；對改革進展慢的個體來說，會認爲自己被舊體制束縛了手腳，也會認爲競爭者在新體制下獲取了不公平的競爭資源，所以自己只能眼看著「鄰居們」日益「興旺發達」，其積極性會比全部個體都處於舊體制時更低。〔註2〕

　　在這個意義上來說，郵政百年的確是中國百年的一個小小的透視鏡；在郵政立法裏發生的故事只不過是中國故事的一個縮微版本；對郵政立法的研究，如果不能以新舊體制的衝突爲切入點，並在衝突中總結歸納立法和社會交互運動的規律，就很難眞正把握住背後複雜的關係，得到正確的結論。

8.3 立法對利益格局的認識與選擇

　　新舊體制的競爭，在很大程度上是隱藏著的利益格局的競爭。

　　事實上，任何一種制度選擇或道路的選擇，核心是社會經濟基礎的變化，如上一節所回顧的，郵政制度的變化、郵政立法的演進，無一不是以經濟體制變遷作爲根本原因，即使是外部力量的影響（如對殖民勢力的反抗回應、加入 WTO 的制度回應）也只是經濟體制變遷的一類子項。

　　但是，除此以外，也不能否認在經濟基礎變化過程中社會各利益集團「公共選擇」對制度選擇和立法的影響，有些時候這也可能成爲一種關鍵性的因素，使立法受制於各種利益集團的相對勢力及「合力」。無論是清末郵政誕生與民信局和客郵的矛盾，還是一百年後快遞興起與國有郵政的衝突，儘管發生在不同時代，但都可以看到在制度選擇中不同利益在互相牴觸、爭鬥。改革必然會發生各種成本代價，如何承擔這些成本，誰來承受這些成本，這是一個艱難的、有時甚至是痛苦的過程。人們都希望改革是「無痛苦」的。改

〔註 2〕 鄭杭生等：《轉型中的中國社會和中國社會的轉型》，北京，首都師範大學出版社，1996 年，第 123～124 頁。

革的成本越小，改革成本分攤越公平，所引起的利益摩擦和社會震動也越小，因而也就越容易得到人們的讚同，越容易進行。只有人獲益而無人受損的改革，可能是沒有阻力的，但它僅僅存在於理論上和人們的美好願望中。現實恰恰是，任何一種體制改革，最終都必然是利益關係的改革，總會有一些人利益增加，而另一些人利益受損，絕對的、沒有人利益受損的帕累托改變幾乎是不存在的。

在郵政法的百年歷史中，體制變革幾乎成爲主要的旋律。在清末、民國、人民共和國等若干時期，每次郵政法立法都有可能意味著一場觸動社會成員關係進而改變社會群體利益關係的體制改革。對於現代意義下的體制改革而言，法律的作用無疑是關鍵性的，它承擔著爲體制改革固定成果、賦予行爲合法性、規劃具有可預測性路徑的任務。因此，也就不可避免地會進入體制改革帶來的複雜利益關係的變局中去。

由於利益受損不一定就只是經濟收入的下降，它還包括社會地位的相對下降、政治權勢的削弱、影響力的衰減，以及榮譽感的消失等等。因此，很明顯，在不同時期的不同郵政體制改革和相應的立法中，都不斷出現利益受損者爲了維護自身既得利益而以不同形式進行抵制或反對，從而構成一種改革的「相對阻力」。從形式上看，有可能每個社會成員都歡迎對舊體制進行改革，但當改革實際推進的時候，必然有社會成員（進而是社會群體）要從自身的特殊利益出發或特殊地位出發，提出符合各自利益的改革方案——也是說每個人都是改革家，但每個人都會自覺地從自身考慮，試圖把舊體制變得對自己更加有利，並通過立法將這種自己滿意的新體制固定下來。

「改革對每個社會成員或社會群體的具體含義是不同的。無論是理論分析和現實狀況都表明，社會成員所反對的並不是對舊體制進行改革，而是所採取的現實『變革措施』」。〔註3〕同時，在大規模綜合性改革過程中，因爲是對多方位體制的改變進而呈現對多角度利益的調整，使這種利益變化和利益要求變的更爲錯綜複雜。某一個社會成員在某一方面可能是受益者，但在另一方面卻是利益的被剝奪者，因此可能這個社會成員一方面贊成改革，而在另一個特定方面又表現出某種抵制的態度。與此同時，改革具有時滯性，即使預先投入，也要經過一段時間滯後才能獲得產出，見到效果。這種時滯會

〔註3〕 鄭杭生等：《轉型中的中國社會和中國社會的轉型》前言，北京，首都師範大學出版社，1996年，第121頁。

造成長遠利益與既得利益的矛盾，從而會爲改革帶來阻力——一種來自每一個社會系統中的個人的普遍性阻力。由於眼前的既得利益受損，而長遠利益遙不可及，也無法在當時通過「補償」之類的措施加以消除或緩解。這就使每一個社會成員都可能呈現對改革的牴觸，形成普遍的絕對的對改革的抗拒和阻力。〔註4〕上述這些方面，可以從清末民初人們對新生的郵政的態度和20世紀90年代人們對民營快遞的態度中清晰地看到。

郵政法的立法已經證明，在體制變革中利益格局始終存在，在一定條件下甚至會隨著制度變革的進展而激化，並繼續影響下一階段的改革進程。而各種社會群體在制度改革和立法中所擁有的「決策權」大小或「發言權」大小便構成了法律形成的權力結構。

在這一意義上，郵政出現、發展、轉型的百年歷史，走的是一條漸進之路。其基本模式是舊體制逐漸滯後，在不知不覺中在舊體制的旁邊發展起一塊新體制，隨著新體制經濟的成長和壯大，逐步對舊體制部分進行改革，最終完成新舊體制的更新。這種和緩的「漸進式的改革」，和暴風驟雨般顛覆式的「革命」似乎有一些區別，後者往往更加劇烈，呈現出制度突然轉向的軌跡，也因此會引起社會成員的強力反應乃至衝突。然而，正是這個特點，使郵政法的立法，始終在漸進的軌道上不斷調整和適應當時社會的需要。儘管在特定階段，由於利益的衝突，立法中的爭議和衝突可能會呈現一種比較激烈、一觸即發的狀態，但始終不是主流，而且持續時間不長。耗費在來回拉鋸上的改革成本、立法成本，相對而言也是比較低的。

8.4 市場經濟立法的重構

如前所述，在近一百年裏，中國始終處於傳統社會向現代化社會的轉型時期，其間有反覆也有突破。進入20世紀80年代，中國在摸索中逐漸明確要建立由中國特色的市場經濟體制，由此也進入到新一輪的社會轉型，要建立的是市場經濟，最重要的特徵是利用市場自主地調配社會資源，與此同時，市場本身也不斷地進行著對社會的利益重構。對於像中國這類的轉型國家來說，在從計劃經濟向市場經濟轉軌的過程中，原來長期形成的適應計劃經濟

〔註4〕　參見鄭杭生等:《轉型中的中國社會和中國社會的轉型》前言，北京，首都師範大學出版社，1996年，第121～122頁。

的利益格局，在新的經濟體制環境下，其滯後與僵化越來越深入地爲人們所認識，越來越不適應新的生產力和社會結構，不得不爲一種建立在市場經濟基礎上、并爲市場經濟所決定的新的利益格局所取代。

立法是一個制度化的標準設計過程，是對社會制度的確認和整合。隨著市場經濟的深入，制度設計越來越呈現出「複雜性、自治性、適應性和內聚力」的特徵，也越來越具有更大的寬容度，允許多層次以多種方式參與制度設計的調試過程。儘管制度設計的主要責任主體仍然是政府。政府行爲和政府立法仍然是市場經濟制度化最重要的組成部分之一。然而，除此以外，制度化的水平，與整個社會動員能力呈現高度的正相關關係。利益分化的各主體高度重視並且積極參與到制度設計的全過程，必然是市場經濟條件下的趨勢，必然是中國社會現代化的趨勢。

市場經濟造就了一批利益分化的各主體，他們在通向自己的利益優化的路途上，儘管有總的共同的社會發展目標，但仍然會在形式、行爲、價值觀念等方面有不同的準則和模式。這種利益多元化和共同目標共存的特點，使市場經濟立法與計劃經濟年代立法具有極大的不同。

1978 年以後中國的立法，和改革總是緊密相關的。經過三十年的改革，可以看到，在改革的早期，出於社會團體利益尚未發生明顯分化，也出於社會心理對盡快轉變僵化體制的共識性，對改革的期盼幾乎是所有人的心聲和期盼。在那個階段，無論採用什麼樣的改革方式，基本上帶來的都是增量利益。社會大眾在共同層面上享受到利益的增加，對改革抱有普遍歡迎的態度，掩蓋了社會轉型下的利益分歧，故而與改革休戚相關的立法基本上都能夠在社會共識的基礎上「順利開展」。即使有不同聲音，但都會服從於「共同利益增加」的號召與憧憬，再加上自身力量還比較薄弱，也缺乏利益表達的途徑。因此 1980 年代立法時面對的利益爭奪和價值取捨，相對沒有以後這樣複雜。

在 1990 年代以後，改革取得了明顯成效的同時，利益分化已經成爲任何人無法否認的事實。改革能夠帶來的「增量性利益」明顯不如改革前十年。當改革的進一步深入，涉及到「存量性」的利益調整和分配時，在國家和社會群體之間，在社會群體的不同層次之間，在固有和新生的階層之間，在制度選擇的共識上就會發生分歧和差異。當然，各種利益分化的主體影響立法進程的能力有高下，掌握話語權的能力也各不相同。此時，一些社會集團會依據各種有利條件，成爲集政治、經濟和文化等優勢於一身的特殊社會群體。

那些構成社會引導性制度措施的提出，大多發生在資源掌控度高、利益表達意願強的群體之中。這樣的群體不僅善於把整個社會系統變成其獨有利益的操作框架，而且還因為在舊體制下更加接近權力的核心，而擁有社會的合法主導權和價值闡釋權。自然地，他們會通過自己掌握的資源，以價值闡釋的方式影響立法。可惜，當這些團體的價值闡釋超越了特定的界限和制度模式時，這種強勢的利益取向儘管仍然會披著合法的外衣，但不會是被社會大眾期望表現的社會行為，甚至與社會的公共利益發生背離。

8.5　政府立法的改革是市場經濟立法改革的核心

市場經濟最重要的特徵是利用市場自主地調配社會資源。對於像中國這類的轉型國家來說，在經濟轉軌的過程中，原來長期形成的利益格局，必然是越來越處於滯後與僵化的境地。因此，中國社會現代化的過程，是制度變遷的過程，也是利益重構的過程。其間，市場性的制度安排在不斷衝突中逐漸確立。

在市場經濟條件下，政府的行為已經不再是控制資源、調配利益的主要手段，更多的應是對社會整體利益進行合理的再分配、再調整，制定規則、維護規則，界定利益合法性，對社會行為進行規範。因此，在市場經濟條件下，法律不應該只是成為政府行為的注腳。換言之，完善的市場經濟下，法律應該是預定的、可見的、透明的、公開的，而不是政府在進行行政行為以後，為了替行為的合法性尋求依據，而回過頭來在法律中東拼西湊一些關聯性的片段以提供保障理由，甚至乾脆另起爐灶，按照行政的需要，再立一部符合政府利益的法律。

中國現階段的立法，越來越趨向於一個完整的制度化的標準設計，其背後是社會轉型期對社會制度的確認和整合。從一般的社會規律來看，市場經濟越往前推進、市場機制越深入，立法就越來越呈現「複雜性、自治性、適應性和內聚力」的特徵。立法所著重的制度設計也越來越具有更大的寬容度，允許社會更多層次以多種方式進入到立法過程，參與到制度設計的研究、判斷、確立和調試。儘管政府立法仍然是市場經濟制度化最重要的組成部分之一，但利益分化的各主體高度重視並且積極參與到制度設計的全過程，必然是市場經濟條件下的趨勢，必然是中國社會現代化的趨勢。

政府體制是連結經濟體制、政治體制、文化體制、社會管理體制的核心與關鍵點。1978 年以來，中國三十年改革與發展的經驗表明，政府體制的不完善，是制約中國經濟社會全面可持續發展的重要原因。政府所處的特殊地位和所發揮的特殊角色，決定了在中國全面改革的過程中，政府改革毫無疑問發揮著特殊的引領和制約作用。包括經濟體制、文化體制、社會管理體制在內的其他各方面的體制改革能否順利推進，在相當程度上取決於政府的體制改革（或稱行政體制改革）能夠在多大程度上取得進展和成效。就現階段來看，只有隔斷政府與部分「特殊型企業」的行政關係，讓政府從企業所有者轉變爲市場監管者，讓企業由政府的附屬物轉變爲市場中的平等主體，才能切實解決政企不分、政資不分的問題，爲建立現代企業制度奠定基礎。只有引入競爭機制，在政府傳統的壟斷領域和地區封鎖領域破除壟斷、依法限制那些依靠行政權力成長發育起來的「優勢者」，才有可能建立和形成統一的市場體系。只有減少政府對於社會資源和生產要素的過多管制，減少政府對公平競爭市場的直接干預，才有可能保證市場在資源配置中發揮基礎性的作用。只有創造有利於技術進步、資源節約、環境可持續的體制、機制和政策，才有可能因應社會發展的規律，眞正實現轉變經濟發展的目標。只有改革現行財政體制，既要加大財政對公共服務的投入力度，又要加大應用於公共服務領域的財政資金的效能的監控力度，才有可能向建設公共服務型政府邁出關鍵一步。只有實現依法行政，在政府的一切行爲中貫徹和落實「法治政府」的理念與標準，才有可能實現「法治國家」的理想。

面對社會變遷後的新的立法特徵，作爲政府，不但要眞心誠意地鼓勵和培育多元化的市場主體，完善市場規則，保護多層次的利益表達方式，同時也要堅定法治的信念，按照現代國家的理念，調整和完善政府職能，眞正從不應該政府管的微觀事務中脫身出來，眞正把應該政府管的事情承接過來，而且還要管到位、不過火。這是一個長期的過程，涉及到中國政治經濟體制改革的若干深層次的範疇，絕不是今天一篇論文就能夠給出完滿答案的。如果僅就政府在立法中的職能和作用來看，政府立法應該更加重視調查研究，只有深入社會，才能把握社會的眞實情況、人民的眞實呼聲；政府立法應該更加重視對市場經濟先行國家立法經驗的學習和借鑒，提升世界眼光，在「國情不同」中尋找和把握市場經濟共有的規則，減少重走彎路的機率；政府立法應該更加善於從各種角度的利益訴求和表達中作出區分和選擇，在制度中

保障社會的最大利益，善於讓自己「退後一步、站高一步」，避免在有意無意之間成為利益群體的代言人。

在中國，管理社會公共事務的權力一般都掌握在政府手中。除了市場的作用之外，政府在社會轉型過程中往往起到一種平衡與抑制的作用。而且，政府向社會提供的主要是兩種產品：秩序和政策。因此，政府立法要注重利用制度創新來彌合矛盾、建立社會共識，要使「管理社會公共事務的權力」為各類群體提供利益保證、安全閥門和風險規避，從而為制度形成後得到廣泛的認同和遵守奠定前提。

同時，社會也不能僅僅停留在對政府立法行為的道德批判的領域，而應該通過適合的制度設計，重新界定政府行為的合法性邊界，並且倡導公平、公開、透明的利益表達機制，培養有利於明確政府的「權力和責任」的制度環境，使政府立法對利益表達的裁量權得到規範和限制。

8.6 對今後《郵政法》修改立法思想的建議

郵政曾經是計劃經濟最成功的領域，即使在中國眾多的基礎性產業中，也只有鐵路能夠與之媲美。而且，通過本書的回顧，我們可以看到，郵政的計劃體制，並不是一般人認為的是建國後模仿蘇聯的結果。恰恰相反，郵政的計劃體制化，其時間跨越百年長度，其路徑遠比我們的想像要複雜得多。郵政的計劃經濟後來無法再搞下去，其原因似乎不能簡單地歸結到「計劃體制天生有問題」或「計劃體制天生不如市場體制」。這種認識是不符合歷史發展的真實情況的。

「計劃」當年對郵政的創立和發展，曾經發揮了輝煌的作用，這是社會前進的需要，是生產力發展的結果。到了一定的階段，「計劃出現了問題」、「計劃體制無以為繼」，歸根結底，同樣是社會前進的需要，是生產力發展的結果。無論計劃體制還是市場體制，只不過是經濟運行的一種方式，仍然離不開人類社會基本制度的範疇，並不存在孰優孰劣。計劃體制也不是天生就是僵化、自閉的，在郵政發展（包括很多其他產業的發展）過程中它也曾經欣欣向榮、生機勃勃，只是長期的成功和集權，使它不再習慣於「因時而動」、「與時俱進」，從而把自己的路越走越窄。而計劃的政治能力的擁有者越來越習慣於無邊無際的理想主義，越來越熱衷於通過集權政治體制來維繫這種計劃的政治

能力。但是，隨著社會經濟中現代性自由成分的增長、社會大分工的日益複雜化、人們消費水平的提高及消費方式的多樣，計劃主體對經濟政治資源的壟斷、計劃經濟下行政權力對經濟的絕對權威和直接指令，顯然不再適應社會經濟的進一步發展。如果郵政仍然處於一個持續封閉的環境，內部和外部的變化因素不多，那麼，問題或許還不會很快暴露出來。可偏偏「這個世界總是處於永恆的變化之中」：爆炸性的通信技術革新衝擊著傳統的通信市場；經濟全球化衝擊著計劃經濟得以形成和維繫的「一國郵政主權」理論框架；經濟的民主化則同時衝擊著以集權爲主要特徵的郵政制度模式、衝擊著資源壟斷的郵政服務供給模式，其結果是多元的「郵政市場」的形成。在這種背景下，要繼續維持郵政的計劃經濟，已經不可避免地將使社會付出極大的政治成本和發展成本。因此，計劃經濟的郵政在外在壓力和內在衝突同時作用下開始衰竭，在經歷碰壁與挫折後，向市場經濟過渡乃成爲面前可行的道路。由此，計劃經濟的郵政最終蛻變爲市場經濟的郵政。而這一切，是不以人的意志爲轉移的歷史必然。

依法治國是新時期中國的基本方略，也是建設社會主義市場經濟體制的保障和要求。依法治國的前提是有法可依，民主立法，逐步建立具有中國特色的社會主義法制體系。而現階段中國法制建設的一大特色，是法制與改革的鮮明的雙向互動關係，即「法制服務於改革，爲改革鞏固成果；改革推動法制，爲法制設定方向」。隨著市場經濟建設進入關鍵時期，改革也進入了攻堅階段，面臨著諸多深層次的矛盾和問題。社會利益格局發生深刻變化，統籌兼顧各方面利益難度加大。以立法來保證改革和發展的要求越來越迫切，而改革和發展過程中的深層次矛盾和問題，也越來越多地轉化爲立法工作不得不面對的矛盾和問題。2009 年的《郵政法》的確是改革和發展的產物。在中國改革進程中，由於立法引起的社會關注和爭論熱點自然不會少。然而，回顧《郵政法》10 年的立法進程，像《郵政法》這樣涉及面廣、利益關係直接、社會關注度高、協調難度大的法律，在立法工作中仍是不多見的。

作爲《郵政法》修法曾經的參與者、親歷者，筆者感到，2009 年《郵政法》無論是法律條文的制訂，核心制度的設計，還是具體的執行，既有巨大的成績，但也有不少的遺憾和不足。如果要對這些成績和不足，進行總結的話，現階段又嫌稍早，對一些制度設計意圖和操作實效的考察也需要一個較長的時間。因此，還是秉持一個實事求是的態度，留待「在實踐中檢驗立法」

或許更加客觀，更加符合人類的認識規律。如果一定要做出某種總結的話，筆者更願意原則性地、概括性地總結一下立法的指導思想。儘管這些指導思想在《郵政法》修訂的過程中並不是自始明確的，頗有一點「馬後炮」的味道，而且由於各種複雜的原因，也不是在所有制度設計領域和立法協調環節都得到了較好的落實，但是考慮到可能對中國今後《郵政法》的繼續修改、調整，乃至類似行業的立法，會有些許的借鑒意義，也算是立法建議之一端，所以也就簡列如下了：

一是立法必須落實「爲誰立法」的問題。就《郵政法》的立法經驗來考察，在服務於改革的行業立法過程中，國家利益和人民利益應該永遠是立法的最高利益，是立法工作最根本的價值追求。立法者要站高望遠，超越行業狹隘的「小天地」，要放在改革開放進程中去判斷，要按照是否眞正有利於長遠發展、有利於完善法制體系的標準去考量。

二是要始終堅持科學立法、民主立法。立法不應該只是官員、專家和部分利益企業操作的「小灶」，要允許和鼓勵社會更多層面參與立法，將立法作爲公益問題，培養社會成員都有關心立法的願望和能力。始終堅持、更加重視、制度保障「立法的公開、公平和透明」，在「大灶」上吃好立法這桌宴席。利益分化是市場經濟不可避免的社會現象。在以國家利益和人民利益爲最高利益的同時，立法要統籌兼顧，尋求能爲各方接受的解決方案，努力尋找利益平衡點，重視合理平衡利益關係，實現多贏、共贏。

三是，堅持促進發展，創造環境。既然發展是郵政業的第一要務，那麼《郵政法》的立法宗旨和制度設計就必須推動科學的發展、高質量的發展，體現以人爲本和社會公平的發展，而且是促進包括郵政企業和快遞企業在內的不同市場主體的共同健康發展。「促進發展，創造環境」，在某種程度上，是今後如果繼續《郵政法》修訂應該好好總結和思考的問題。

四是，堅持落實、體現郵政體制改革的要求。現階段中國法制建設的一大特色，是法制與改革具有鮮明的雙向互動關係。二者互爲條件，又互相作用。沒有改革內容、乏陳改革精神、脫離改革實踐的立法，起碼在中國現階段及以後的相當時期，是沒有生命力和時代價值的。郵政體制改革實際上還遠遠沒有結束，還沒有到高唱凱歌的時候。《郵政法》今後的修改，仍然應該立足於改革、服務於改革、忠誠於改革，將郵政體制改革的有關要求和措施上升爲法律制度，依法保障郵政體制改革的順利實施。

8.7 對嗣後《郵政法》修改幾個具體問題的建議

8.7.1 關於郵政普遍服務

「保障郵政普遍服務」是 2009 年《郵政法》的重點內容。全法涉及郵政普遍服務的內容達到 4 個專章、60 餘條，〔註5〕充分體現了保障郵政普遍服務對於《郵政法》的宗旨與核心地位。

但是，現行《郵政法》中郵政普遍服務制度也值得研究的問題：

一是《郵政法》第二條第二款規定：「郵政企業按照國家規定承擔提供郵政普遍服務的義務。」如果這意味著國家把提供郵政普遍服務義務完全賦予了郵政企業，就難免存在一個問題：如果郵政企業不能按照國家規定做好普遍服務，國家能不能授權其他適格主體代替承擔該項義務？也就是說，在郵政普遍服務領域能否引入競爭？對此，《中華人民共和國國民經濟和社會發展第十二個五年規劃綱要》是有明確的要求的：「改革基本公共服務提供方式，引入競爭機制，擴大購買服務，實現提供主體和提供方式多元化。」

二是《郵政法》第十八條：「郵政企業的郵政普遍服務業務與競爭性業務應當分業經營。」但在實踐中，儘管已經成立了中國郵政集團公司旗下的中國郵政儲蓄銀行和中國郵政速遞物流股份有限公司，但郵政普遍服務業務與競爭性業務分業經營、分帳核算的改革還需要推進，現實中仍然存在大量的交叉補貼的問題。

三是《郵政法》第十六條：「國家對郵政企業提供郵政普遍服務、特殊服務給予補貼，並加強對補貼資金使用的監督。」中國郵政集團公司按照企業化運行後，提供郵政普遍服務與企業經濟效益最大化的矛盾逐步顯現。其實，國家每年都在對郵政普遍服務進行各種財政補貼和政策支持，但由於郵政普遍服務成本核算體系沒有建立運行起來，財政補貼的有效監督嚴重滯後，國家補貼的效果並不明顯。

針對這些問題，在今後的修法中，應該加強對以下制度的研究：

第一，基本公共服務的提供主體多元化是未來發展的趨向，歐盟郵政指

〔註 5〕補充完善了保障郵政普遍服務的相關制度和措施。在對郵政普遍服務做出科學定義的基礎上，規定了國家和各級地方政府保障郵政普遍服務的職責，從多個角度規定了郵政普遍服務的保障機制，解答了郵政普遍服務是什麼，郵政普遍服務誰來幹，郵政普遍服務幹什麼，郵政普遍服務怎麼幹，郵政普遍服務如何保障等五個方面的重大問題。

令中已經有這樣的規定，一些國家也有了比較好的實踐。目前，我國非郵政寄遞企業在管理水平、網絡規模等方面也已有了長足的發展，今後立法可以考慮轉變郵政普遍服務的提供模式，探索分地區、分業務引入普遍服務的競爭。在某種意義上說，如果政府定位於公共服務購買者，允許多種主體在滿足一定條件的情況下從事郵政普遍服務，有利於提高服務效率，對公共服務質量的監督將更為有效、易操作，也更能保證政府補貼花到應該的地方。

第二，郵政普遍服務的成本賬究竟能不能算清，是幾年來《郵政法》立法和實施中，爭議最大的問題之一。其實，問題的關鍵不是能不能算得清，而是想不想算得清楚，畢竟這牽涉到既有利益格局的根部。從更加現實的角度來看，似應加快建立郵政普遍服務虧損的評價體系，先從大數上搞清農村和西部地區郵政普遍服務的成本，先把國家補貼落實到農村和西部地區，並且直補到縣級郵政企業。這種制度安排，遠比每年估算一個全國性的含混不清的普遍服務虧損，然後由財政撥給中國郵政集團公司統一「使用」，基層郵政企業則「聽不到雷聲、看不到雨點」，效率要高得多。

第三，對郵政普遍服務補貼的運行效果要進行有效監督，提高資金使用的效率與效果，核心是將財政補貼預算與郵政普遍服務水平有效掛鈎。換句話說，如果郵政企業提供的普遍服務質量下降，政府給予的財政補貼數量自然也要下降。財政補貼即使撥給了企業，也要公開透明、見效果、受監管，不能做成「大鍋飯」、「唐僧肉」。

第四，繼續堅定地實行政企分開，郵政普遍服務和競爭性業務分開，加強政府監管，完善市場機制，減少交叉補貼。這些都需要在制度上進行明確的細化，在執法上進行堅定的貫徹。

第五，《郵政法》第十五條第一款：「郵政企業應當對信件、單件重量不超過五千克的印刷品、單件重量不超過十千克的包裹的寄遞以及郵政匯兌提供郵政普遍服務。」隨著社會的發展，郵政普遍服務的業務領域在發生變化，具有了新的內涵，政府保證提供的郵政普遍服務品種是否還應該保持原有的範圍？可不可以嘗試讓市場因素在郵政普遍服務的提供過程中，發揮更大的作用？

8.7.2 關於專營問題

關於郵政專營產生的矛盾，在 1986 年《郵政法》即已初見端倪，但當時是計劃經濟年代，社會利益比較單一，影響面尚小。到 2000 年以後開始修訂

《郵政法》時，這個問題已經發展成爲爭議最大、影響最廣的一個問題。各方面分歧之大，幾乎到了觀點完全對立、完全沒有利益協調基礎的境地。而且，這場隱藏在利益身後的爭論還進入到理論層面，出現了不同角度的各種理論解釋。隨著中國加入 WTO，爭論也自然而然地波及到了國外，成爲中美、中歐服務貿易爭端的熱點。

爲此，立法單位研究提出多個建議方案，反覆進行協調，但始終達不成一致意見，反而招致多方質疑，不同的利益階層都在懷疑立法單位在「偏袒」對方。最後出臺的《郵政法》不得不授權國務院規定郵政企業專營業務的具體範圍。實際上，這是再次運用了「中國式智慧」，把目前解決不了、解決不好的棘手問題暫時擱置下來，放到後面來研究，在條件成熟以後再來解決。現在看，這種模式是比較成功的，行業發展活力沒有受到束縛，社會大多數群體對現狀表示滿意。

此後，仍然有不同社會階層在呼籲重啓《郵政法》有關郵政專營制度的修改，或者敦促國務院有關部門按照《郵政法》的授權，以行政法規的形式做出專營業務範圍的具體規定。然而，經過研究，普遍的意見是條件還不成熟。郵政專營這個問題長期懸而不決，固然不利於樹立法律權威性，而且相關利益群體的深層次矛盾仍有在某種條件下爆發的可能，一種不確定的或然狀態從長遠來看，也會對行業發展產生不利的影響。但是，在現階段，暫時擱置終歸是一個比較好、比較穩妥的辦法。畢竟，沒有社會共識的立法即使強行上馬，效果也是令人懷疑的。

從本書的角度，筆者認爲，如果今後仍要啓動《郵政法》專營問題的研究，可從以下方面善加考慮：

一是務必明確專營制度建設必須適應生產力，形成市場化改革和生產力解放的正向推動。

二是專營制度的定位要從實際出發，立足於促進發展。

三是從歷史上考察，專營只是「某一階段的歷史現象」，不可能也不應該是永恆存在的。

四是要從專營制度設立的主要目的上來研究問題，設立專營應該主要是以一定的限制性的壟斷來彌補郵政普遍服務的政策性虧損，不能成爲郵政普遍服務承擔者其他經營性虧損的填補渠道。

五是要注意從國際大層面上考察，公正地探究分析部分國家在取消郵政

專營後的利弊得失。從目前國際發展形勢來看，郵政市場開放已經是大潮流，政企分開已經非常普遍，多數國家取消郵政專營後客觀上是促進了市場發展和消費者利益的提升的。當然，對發展中國家而言，此項改革需要更加重視制度前置規劃，例如郵政普遍服務的提供應當提前確立適當的資金來源，在提升效率和保證公平間尋找恰當的平衡。

六是專營方案的提出，既要兼顧利益平衡，也要把可操作性放到重要位置，換句話說，制度出臺後，誰來執行、能不能執好法、執法的成本等問題，都是立法者應該提前考慮清楚、并作出相關制度安排的，不能把後續的問題交給基層、交給社會，造成剛立出來的法就執行不下去或者解決不了問題，於是又期待新一輪立法的尷尬局面。

七是制度設計要貼近民意。郵政專營的核心利益層不僅僅是相關的企業，還有大量的民眾和特定的階層，應該進一步加強調查研究，總結經驗，爲今後解決類似問題創造條件。

8.7.3 關於推進和深化郵政企業改革問題

「鞏固郵政體制改革的成果，繼續推進郵政企業改革」是 2009 年《郵政法》的一個重要任務。通觀全法，針對郵政企業改革，做了一些具體的法律規定。但是，實事求是地說，由於多方面的因素，在法律的施行過程中，郵政企業更多地把《郵政法》視爲一部「保護法」，無論宣傳和運用，都出現了自覺不自覺之間，把《郵政法》「對郵政普遍服務的支持和保障」，理解和轉換爲「對郵政企業的支撐和保護」。對於《郵政法》有關郵政市場開放的內容，部分郵政企業領導人有牴觸情緒。從改革層面來看，郵政企業普遍存在官商情節，依戀過去體制的「福利」。《郵政法》施行一段時間以後，郵政企業的市場化改革當然不能說完全沒有動作，但也並不是立即走上一個大刀闊斧、大步邁進的階段。總體上看，郵政體制深層次的矛盾還沒有得到很好地解決，郵政企業的活力不足、競爭能力弱、缺乏市場機制的問題依然是懸而未決的老問題。即使中國郵政集團公司近年來多次宣佈自己已經跨入「世界五百強」企業行列，而且位次在不斷上升，但郵政企業是不是已經眞正進入良性循環了，恐怕還值得人們深思。就目前的實際而言，郵政企業仍然處於一個相對封閉的體系內，運行機制、服務管理等問題並沒有太大的轉變，政府和企業之間的管理關係也未能很好地理順，和先進企業相比，其經營理念是落後的，迫切需要與信息化、全球化時代的潮流與時俱進。

　　二十世紀二三十年代的中國，外患頻仍、內患交逼。在如此惡劣的環境中，何以郵政仍能一枝獨秀？劉承漢就認爲，一個重要原因是當時的郵政有獨立自主權，所以能夠按企業化經營和管理，不像當時其他的國營事業（如招商局、電信、鐵路）那樣，不是受政潮所干擾，就是爲行政法令所桎梏。劉承漢將此視爲「至今猶爲各國營事業的病根」，「其弊在營運職權與行政職權混淆不清」〔註6〕

　　這個觀點，筆者基本讚同。但是，聯繫到這些年的實踐結果，筆者又覺得僅僅賦予郵政企業獨立自主的權力就能實現郵政企業的活力嗎？或者說，要讓郵政企業恢復活力而制定的改革措施，可以只考慮一個因素嗎？

　　縱觀世界各國的郵政企業，從建立以後，基本上都有這樣的特點：國有資本控制下的巨大的網絡、豐富的人力資源、在職能專業化的基礎上進行勞動分工、嚴密的等級層次結構、系統化的工作程序、相對集中而程序化的業務品種，等等。在工業化社會，這種體系有效地適應了外部環境，將企業經營和公共服務納入一個規範化的常規渠道，以經營規模化取得效益規模化。只要外部環境穩定和無差異，這種金字塔形的組織結構和集權體制其實是一種比較好的運行模式，實踐也證明了它在 1840 年以後一百餘年的歲月中充分地適應了工業社會的環境與要求，保證了郵政組織和郵政服務的有效運轉。

　　但是，後面的情況發生了變化，特別是 20 世紀 70 年代肇始的信息革命、高速運載工具的應用、東西方市場的開放，一些重要的變化正在深刻地影響著郵政和其他相類似國家組織的外部環境的結構和面貌。特別是以互聯網爲代表的信息科學的飛速發展，幾乎是重塑了郵政組織的外部環境。

　　過去，各國郵政組織以規模爲導向，由於通信手段單一，在賣方市場的優勢下，郵政企業只需要增加網絡、擴大規模，就能基本實現發展目標。但是，現代科學技術的發展，通信手段以令人吃驚的速度加快革新，郵政企業即使擴大產品規模（如信件）也無法提高效益。過去主要是以寄遞信件、報刊爲基礎構建的網絡和組織，由於業務量的大幅減少，更加凸現臃腫低效。毫無疑問，技術基礎的變化，要求企業組織也作出相應的調整和變化。而像郵政這種傳統型企業，對環境和技術的變化的反應是比較慢的，在挑戰面前，無法有效地、及時地、準確地進行響應。

〔註 6〕　參見沈雲龍訪問，林泉紀錄，郭廷以校閱，《劉承漢先生訪問紀錄》，臺北「中央研究院近代史研究所」，1997，第 28 頁。

　　因此，如果今後《郵政法》有進一步修改的可能，對郵政企業體制改革的規定，應該作爲核心的內容。在此，筆者有如下建議：

　　一是立法既然要服務於改革，就必須緊密結合改革的時代背景，明確這場改革是信息化條件下的改革。工業時代的郵政雖然有輝煌，但過時的條件再也不會回來了，郵政市場再也不會回到過去的狀況。挑戰的性質已經因爲信息技術而發生改變。要想使《郵政法》中關於郵政企業體制改革的內容眞正落到實處，必須按照信息化時代的環境來考慮立法的內容，首先著眼於使郵政企業的組織架構、經營模式更加靈活，有條件吸收和採納市場的信息。要通過一定的制度設計，促使郵政企業有充分的意願面對不斷細分化的市場，把握住信息化時代的轉型契機，有效改變產品體系，不斷開發符合信息化要求的新產品。

　　二是要把根治郵政企業的大企業病或者官商習氣放在重要的考慮位置。郵政企業和鐵路企業類似，長期採用官僚制體系，強調穩定多過鼓勵創新，滿足現狀而抵制變化。在這種情況下，企業機構臃腫龐大，內部層次繁多，部門複雜，條塊分割。組織機構的官僚化、管理體系的行政化和利益本位的分割化，使得企業管理信息阻隔、指令執行偏差嚴重，使曾經高效率的郵政企業逐步走向低劣甚至衰敗。表面上看，郵政企業的「攤子」很大、「人多勢眾」，但大而不強、大而癱軟、「人心離散」，遠遠沒有達到技術進步所要求的現代企業的生產規模和盈利能力。這是不能否認的頑疾，是一場慢性發作的綜合病。今後《郵政法》的修改，務必要抓住問題的核心，把郵政企業的改革和國有企業的改革、國有資產管理制度的改革，統籌放到一起來考慮，從制度上保證改革的效果。在立法的具體規定方面，不能因爲受強勢集團影響而左右搖擺。既然要改革了，就一定要明確郵政的企業性質，一定要堅持走政企分開的道路，一定要把「官商」的鏈條斬斷。沒有這樣的改革決心，郵政長期積累下來的老毛病不可能自行痊癒。在立法後的執行階段，要集合相關力量，繼續深入郵政改革的細化，並對改革成本做出安排。

　　三是將促進競爭作爲郵政改革的有效手段。在過去的時代，由於規模化的需要和政治性的要求，無論中國還是世界其他主要國家，郵政立法的任務之一實際上是推動郵政資源集中，使得以國有資本爲基礎的獨家壟斷經營逐漸形成全球郵政的普遍模式。然而，如今時代已經發生改變。排斥競爭既不符合法治社會的基本理念，也不符合行業的根本利益。由於郵政體制改革尚

未完成，郵政企業計劃經濟時代的烙印沉重，中國郵政集團公司去行政化和市場化改革的任務仍相當艱巨。既然 2009 年《郵政法》將「鼓勵競爭、促進發展」確立爲基本原則之一，就不應該僅僅將其理解爲只適用於快遞領域和非國有企業，要在郵政企業改革和轉型中紮紮實實地貫徹和落實「鼓勵競爭、促進發展」的要求。爲了推動郵政企業的改革，立法者和執法者應該認眞總結 2009 年《郵政法》施行後的經驗，認眞聽取各方面認眞分析市場開放帶來的益處，進一步鼓勵民間資本進入郵政市場，進一步打破歷史形成的、阻礙市場競爭的各種「玻璃門」、「旋轉門」、「彈簧門」，進一步重視和依靠市場競爭的外力作用來刺激郵政企業正視市場，開闊視野，調整經營，激發活力。

四是可以考慮制定一部專門的「郵政企業改革法」或「中國郵政集團公司重組法」。對郵政、鐵路這類規模龐大、涉及國計民生的特殊企業法人的改革進行專門性的立法，在國外已經不鮮見，如日本、加拿大都有這樣的立法案例。進一步明確政府與郵政企業的關係、確認郵政企業的市場主體地位、引導和保護社會投資者參與原國有郵政企業的經營管理等。在此情況下，現行《郵政法》可以作爲調整和規範整個郵政行業的母法，而「郵政企業改革法」可以作爲指導郵政企業改革的專門法。只有適應市場經濟的新法出臺，才能夠保障郵政改革的長期性、穩定性和長效性。這是建設法治國家的要求，也是郵政企業改革的成敗關鍵之所在。

2013 年 11 月 12 日，《中共中央關於全面深化改革若干重大問題的決定》提出：改革開放是當代中國最鮮明的特色。要全面深化改革，核心問題是處理好政府和市場的關係，讓企業回歸到企業應有的地位，讓政府做好政府該做的事情。

市場經濟的基本規律是市場在資源配置中起決定性作用。不可否認，類似中國這樣的轉型國家，國家和政府的力量非常強大，這是發展的階段性造成的，本身並不是什麼過錯。問題是「如何規範強勢政府的行爲，使政府在合理合法的軌道中發揮好作用」。就當前而言，政府從意識到行爲，必須自覺遵守法律，自覺認同和尊重「市場在資源配置中起決定性作用」這條基本規則，著力解決市場體系不完善、政府干預過多和監管不到位問題。筆者建議的《郵政企業改革法》，也應當體現這一要求，以郵政企業和政府的關係爲改革對象，積極穩妥地從廣度和深度上推進郵政企業的市場化改革。政府的職責應該往後退，一直退到加強和優化公共服務、保障公平競爭、彌補市場失靈上來。

8.8　結束語

　　郵政法的演進是中國社會變遷和制度創新的縮影。無論身處哪個時代，適應社會發展、促進制度創新，都是立法的重點任務。而在當下，要完成這項任務，一個最基本的途徑就是引進開放、鼓勵競爭，以開放、包容、積極的態度，不斷吸收新生事物，不斷鼓勵新生事物，不斷創造有利於新生事物「試錯」的土壤。

　　開放是強大的前提，強大是開放的保障。中國的郵政法制度，儘管從誕生之日起就圍繞著「開放與保守」衍生了眾多的故事，但梳理源流和脈絡之後，我們發現：雖然有爭議、有衝突、有反覆，但「走向開放」是主要的方向，是不可扭轉的大趨勢。這種開放，既是對外的開放，也是對內的開放；既是法律制度移植的開放，也是法律思想引入、法律文化認同的開放。

　　郵政從由國家完全承擔的公共事業，到今天已經成為現代產業經濟鏈的一個環節。應該說，基本的路徑是市場化，而市場化的基本手段就是開放。從世界範圍來看，美國、日本、英國、德國、荷蘭等先進國家都在這條路上做出了有益的嘗試，也都有很多成本高昂但價值个非的經驗教訓。但發達國家的郵政改革，除了本國郵政企業的改革以外，實際也包括快遞市場的改革。以聯邦快遞、敦豪、UPS、TNT 為領軍者的跨國快遞公司能夠走上高端，除了自身高超的經營管理技術以外，根源在於搭上了郵政體制改革的順風車，站在了開放體系的制高點。這種成功，雖是歷史機遇的造化，但根本上講還是制度創新的紅利。

　　20 世紀 90 年代以來的中國的郵政改革（包括郵政立法）應該說成效是比較明顯的，也受到了國際上的廣泛關注。與之有關的改革舉措，包括郵政立法的具體制度和框架設計，被很多國家研究，甚至直接移植。但是，當我們再深入一些，如果我們能夠以坦率的態度來評估郵政改革的成效的時候，其實真正最拿得出手的、足以服人的，恰恰不是耗費了大量成本和資源的「國有郵政企業改革」這一領域。相反，國家投入資源最少、法律承認最晚、社會關注度最高的快遞領域的改革效果更為明顯，核心原因就在於它的開放程度也是最高的。

　　郵政改革是中國改革的具體而微者也。中國改革轉型如何實現破題，看來可以從郵政改革這方小天地汲取些許營養。從改革的微觀層面考慮，應該立足於通過更高層次的開放，探尋新的要素組合模式，進一步理順競爭機制，

打破玻璃門、旋轉門的阻礙，通過競爭盡可能地激發中國社會各類主體、組織的活力與動力。

現代競爭體現爲兩個方面：一是國家內部的競爭；二是國與國之間的競爭。由此看來，當代中國的改革轉型，其實有兩大任務。

一是不斷完善內部競爭機制。前期，儘管引入了市場經濟機制，但還不是很完善。無論經濟運行模式，還是政府管理體制等方面，對內部開放的推動力還不足，仍然存在機制體制相互衝突、利益糾結錯綜複雜、摸是摸不得、碰是不敢碰的各種「特殊領域」。發展方式總體上是有利於總量的增加，對質量的提升客觀上促進作用不明顯。因此，中國在世界上要體現競爭力，重要的一環是先理順內部競爭體系，激發內部競爭活力。內部競爭體系越完善，外部競爭實力才能越強大。

二是積極建設外部競爭機制。中國要發展、要復興，必須要堅持對外開放，要更加主動、更加深入地參與到世界經濟、社會、政治的大潮中去。在已經引入世界先進企業在中國投資興業的基礎上，要研究開放中國市場帶來的資源、制度和文化的變革和由此產生的優勢，從內部競爭拓展爲外部競爭，到更廣闊的國際市場獲得發展的新動力。

這就要求改革年代的立法者、行政者，更要有高屋建瓴的意識，要破除對競爭的先天的厭惡感和排斥感，既要深化對內開放，又要堅持對外開放。開放競爭有風險，但規避競爭、排斥競爭帶來的落後是更大的風險。中國發展能否真正實現轉型升級，只有擴大開放，勇敢迎接競爭的挑戰，這是一條真正光明的道路。

2014 年 9 月 24 日，國務院常務會議決定，進一步開放國內快遞市場、推動內外資公平有序競爭。對符合許可條件的外資快遞企業，按核定業務範圍和經營地域發放經營許可。此時已經是《郵政法》2009 年修訂之後的第 5 年。「擴大全方位主動開放，打造內外資企業一視同仁、公平競爭的營商環境」，貴在長期堅持。

改革與開放相輔相成，互爲表裏。國務院做出的決定，不僅讓國內外快遞企業同臺競技，讓消費者享受到實惠，更重要的是把一種倒逼機制引入國內，讓先進技術、先進服務衝擊頗有些「自得自滿」的國內快遞市場，讓企業在外部壓力下轉向深化改革以尋求出路，並將改善經營管理、提升服務水平作爲改革的必要措施，爭取生存和發展的空間。同時，世界先進企業的成

功經驗表明，發展到一定階段，快遞企業必然會走向「建立世界網絡」這一歷史性拐點。而市場經濟下的開放應該是雙向的。只有自己開放了，才有資格要求別人開放。當走向世界舞臺的時候，中國企業可能奢求封閉自己的市場，而要求別人開放大門嗎？

天時變則法亦變。就當代中國而言，主旋律就是改革與開放。這是不可阻擋的大勢，是民心所向的天時，是進入市場經濟以後包括郵政在內的中國各行各業深入發展的大方向。在這一背景之下，立法的宗旨需要更加忠實地服務於改革，爲改革謀篇佈局，幫助改革鞏固成果，甚至在某種情勢下保護改革的萌芽和創新，爲改革撐起保護傘，承擔起必要的代價和不利的責任。誠然，「改革」不會一帆風順，僅憑改革的熱情也不可能在短期內盡善盡美地解決所有問題，爲老行業轉型提出一劑包治百病、人人適用的妙藥靈丹。但是，如果不下決心改革，或者畏首畏尾、延誤改革，這些曾經輝煌的老行業可能所有問題都解決不了。

因此，中國郵政立法下一步的重心，應該放在繼續推進包括快遞在內的郵政市場機制建設，深入推進郵政企業改革等兩大方面。要特別重視解決好一些企業長期以來依賴政策保護獲利，人治色彩濃厚，缺乏有效監督的痼疾，在改革上找到突破口，在改革中贏得最廣大的支持。其實，這個領域大有文章，大有天地，完全可以也應該發揮立法的能動作用，爲傳統行業重新煥發生機尋找契機，爲其他行業的改革提供經驗，爲中國法治進程增強信心。從這個意義上考察，對於郵政改革，法律的地位和作用不應該僅僅是被動的、字典式的，而應是主動的、能爲的，服務於改革、爲改革提供保障和支持。

可以肯定，郵政改革和郵政立法已經密不可分。只要郵政改革仍在進行，郵政立法的任務就遠遠不能說已經完成。

任何偉大時代的法律，其實天生承載著這樣的宿命：它越敢於打破生產力發展的桎梏，越善於整合社會的共識，越忠於公平與正義，就能越靠近真實，越具有強大生命力，越能爲人們所信仰和遵從。

附　錄

附錄 1：《大清郵政章程》

總理衙門奏定郵政章程

郵政開創之初，訂立章程無需過繁甚細，但宜大概酌訂，分晰門類，俾外人易於知曉，並使在事員役得所遵循。俟行之既熟，體察情形，再爲因時制宜酌立詳章，分歸各類，登記奉行，所有中國開辦郵政擬訂之章，宜分四大類，以清眉目：通商各口往來寄遞，一也；通商口岸往來內地寄遞，二也；通商口岸往來外國寄遞，三也；開辦郵政總章，四也。茲將擬訂之章開列於左：

《郵政開辦章程》

一、通商口岸互相往來寄遞；
二、通商口岸往來內地寄遞；
三、通商口岸往來外國寄遞；
四、開辦郵政總章。

（一）通商口岸互相往來寄遞

郵局處所

一、各新關已設之「寄信局」，現擬改爲郵政局。凡設有郵政局之處，應謂爲聯約處所。其未設有郵政局之處，應謂爲不聯約處所。

二、通商各口郵政局，仍歸稅務司等管理，照各項關務會同監督商辦。

三、除通商各口設立外，尚有京都總稅務司署中寄信局，應改爲郵政總局，管轄各口郵局。凡一切事宜轉呈總理衙門核辦。

四、上海通商口岸，爲中國寄遞適中之區，分赴南北及入長江、并往外海，較爲事繁任重，應特派員役辦理，仍歸稅務司會同監督管轄。

五、上海已設有造冊處稅務司一員，擬委兼管郵政事宜。各口分局，均應報由兼管郵政稅務司，轉呈總稅務司核辦。

六、現將京都、天津、牛莊、煙臺、重慶、宜昌、沙市、漢口、九江、蕪湖、鎮江、上海、蘇州、杭州、寧波、溫州、福州、廈門、汕頭、廣州、北海、蒙自、龍州等處所設之寄信局，統作爲郵政局。

七、以上各處開設之郵政，俟辦有端倪，即在附近處所隨設分局，即如天津之塘沽、大沽並鐵路、電線沿途各站，上海之吳淞、寧波之鎮海、福州至羅星塔、廣州之黃埔、沙市之陸谿口、九江之武穴、湖口蕪湖之安慶、大通、鎮江之南京等處，所有各該處分局，應由該稅務司會同監督派人管理。

寄送信件

一、信件之類，分爲封口信及明信片與貿易冊並刊印各件，共四項。

二、各局收發之件宜分兩項，一爲總包，一爲零件。

三、此局收到彼局所交之總包，有應原包轉送者，有應開包就近分投者，倘有轉寄之件，須復行裝成總包另寄。此外，又有本處交局之零件，亦須分別辦理。各局轉送分投及復封等事，以及何時可收，何時需發，均須遵照總局所示辦理，並在附近示告眾人知曉。

四、各局所發之件，有應將零件在本處分投者，有應自作總包與收到總包轉寄他處者。若寄送通商口岸，即用往來通商口岸之輪船；若寄送內地，即用已設之民局代遞。各局均須自行就近酌擬辦法，仍聽總局之指示遵行並示告眾人知曉。

五、各局所發總包，須隨有開錄之清單，由接收之局，查對單包相符，即將收條字據送交原局。

六、七等款，俟嗣後有同類應載事宜，即添注於此。

徵收信資

一、寄送信件，既分口岸、內地、外海三項，其信資亦當分析爲三：一爲岸資，一爲內資，一爲外資。

二、往來外國之信件，應取信資若干，須照《萬國郵政聯約》，即《信會條例》第五、第六兩款所定之外資辦理。若外國信件送到本國轉寄不聯約之

處，其內地運送之資，應由收信之人付給。若由不聯約之處，將信件送到本局轉寄外國，其內地運送之資，應由交信之人付給。所有民局運送之資（即內資），聽民局自行酌訂收取。

三、通商口岸聯約處所往來信件之信資，本有自定之權，所擬之資（即岸資）列後：

明信片每張應收洋銀一分。

封口信每件計重二錢五分、五錢、一兩以下，應收洋銀二分、四分、八分；餘以此類推。

新聞紙（華洋）每張應收洋銀一分、二分。

貿易冊並刊印各件，計重二兩，應收洋銀二分。

若由不聯約之處，將信件送到本局，轉寄聯約他處，其內地運送之內資，應由交信之人付給；若至聯約他處後，尚欲送赴不聯約之處，內地運送之內資，應由收信之人付給。所有民信局運送之內資，聽其自行酌訂收取。

四、凡往來外國暨通商各口之信件，在郵局掛號與否，均聽自便。如掛號，應另納號資，掣取收單。其往來外國信件，應按聯約條例第五、第六、第七等款辦理。其往來通商各口信件，應按岸資之例辦理。若欲收信之人回單，則須於另納號費外加倍付給。

五、凡往來內地不聯約各處之信件，其內資多寡，應由民局自行酌定，一面報明附近郵政局曉諭眾知。

六、郵政局須製造信票，以便黏貼信面，作為寄送外國暨通商各口之信資，俟分定岸資、外資各信票之式樣，再宣示眾知。

七、凡將信件交付郵政局寄送，必須於信面上黏貼郵政局之信票，作為信資。

八、信票係在各處郵政局並郵政局託售之鋪店等處，均可購買。

九、偽造信票應按偽造錢票據之罪懲辦。

十、十一等款，俟嗣後有同類應載事宜，即添注於此。

匯寄銀鈔

一、各國郵政，於寄送信件外，亦代為匯寄銀鈔，以期便利。其准匯寄之款，立有定額，其匯費亦應有定數。中國開辦郵政局亦應照辦，以便商民。現擬如有人欲將銀鈔自此聯約處所，送交彼聯約處所，其數不得過一百兩以外，即可代為匯送，按照所定匯費掣取匯單寄往。此項詳細章程，俟隨後酌

訂宣示。

二、三等款，俟嗣後有同類應載事宜，即添注於此。

寄送包裹

一、各國郵局於寄送信件外，現時亦代爲寄送包裹等項，中國郵政局開辦有頭緒後，亦擬一律代爲寄送，須俟隨後將包裹之尺寸、輕重與運送之規矩、費用等項，酌定明晰，再爲宣示。

二、三等款，俟嗣後有同類應載事宜，即添注於此。

專款

一、凡民局之信件，途經通商口岸交輪船寄送者，均須由該民局將信件封固，裝成總包，交由郵政局轉寄，不得徑交輪船寄送，並應按往來通商口岸之章，由該民局自行酌定收取。

二、郵政局接運民局之封固總包，應寄交書明處所之同行民局查收，取回收單備查。

三、凡民局開設聯約處所，應赴郵政局掛號，領取執據爲憑，無需另納規費。倘該民局領有執據後，不願復行承辦此項事件，應先赴郵政局呈明，將執據撤銷。

四、五等款，俟嗣後有同類應載事宜，即添注於此。

示禁

一、凡郵政局之員役等，若有私行拆動信封及傳揚洩露等事，除照局中定章罰辦外，尤須按其本國律例治罪。

二、凡有郵政局之處，除掛號之民局外，所有商民人等，不得擅自代寄信件，違者每件罰銀五十兩。

三、輪船進出通商各口，除承寄郵政局所交之信件外，所有行主、船主、水手、搭客等，俱不准攜帶郵政局應寄之信函等件。惟露寄之字紙，如薦書暨辦事之隨身單據等類，與本船之本行、本貨各情之書件等項不在其內。違者每次罰銀五百兩。

四、五等款，俟嗣後有同類應載事宜，即添注於此。

帳目

一、各郵政局應將進出款目，按月具報造冊處管理郵政稅務司，按結轉報總稅務司查核。俟屆年底，由總稅務司彙報總理衙門鑒查，其具報樣式隨

後酌定。

二、三等款，俟嗣後有同類應載事宜，即添注於此。

冊帳

一、凡郵政局應將信件各類往來若干隨時登記冊簿，其冊簿式樣應照聯約條例第四、第三十七款暨二十三與二十四條詳章辦理。

二、三等款，俟嗣後有同類應載事宜，即添注於此。

雜款

一、重慶一處之郵政局，暫時只寄零件信函，不代寄總包。如民局欲將信包轉寄他處，即須自己送赴宜昌，交彼處郵政局代遞。

二、蒙自、龍州之郵政局，亦不代寄總包，暫只寄零件信函。

三、長江六處，如陸谿口、武穴、湖口、安慶、大通等處，以及南京之郵政局，係由稅務司會同監督派人管理。各該處民局信件總包，亦須由郵政局轉交輪船代寄，或將輪船寄來信件總包，轉交民局查收。

四、五等款，俟嗣後有同類應載事宜，即添注於此。

示諭

一、郵政局開創之初，暫照各關現辦寄信章程辦理，俟開辦就緒，再為體察情形，將以上章程所載各事復行明晰示諭各局員役遵行。

二、三等款，俟嗣後有同類應載事宜，即添注於此。

（二）通商口岸往來內地寄遞

一、凡由聯約處所與不聯約處所往來寄送信件，或係民局將信件交由郵政局轉寄，抑或郵局將信件交由民局轉寄，其內地遞寄之信資，應由民局照舊自定自取，與郵政局無涉。

二、凡民局開在設有郵政局聯約處所，應赴郵政局掛號領取執據為憑，無需另納規費。倘該民局領有執據後不願復行承辦，應先赴郵政局呈明，將執據撤銷。

三、凡民局將封固之總包交郵政局代寄，該郵政局應照所書寫寄交他處之郵政局轉交彼處之掛號同行民局查收。

四、凡郵政局接到別局或外海送來之零件信函，寄赴不聯約處所者，均應交付掛號之民局承寄。該局應向接收信件之人收取內地運送之資。

五、六等款，俟嗣後有同類應載事宜，即添注於此。

（三）通商口岸往來外國寄遞

一、凡郵政局將信件寄送聯約各國者，一切條規自應由入會後俱照《萬國聯約條例》辦理。

二、凡外海寄來之信件，必須交由本口郵政局轉交應收個人，不得自行另交轉送。惟上海一處暫時不在此例。若有須寄往內地不聯約處所投遞者，即由郵政局交給掛號之民局轉寄。其內地運送之資力，可由民局向收信之人按其自定條規收取。

三、凡郵政局若在無船開往外國之處，須將信件送交有船之處轉寄，其規費一切悉照信會條例辦理。

四、五等款，俟嗣後有同類應載事宜，即添注於此。

（四）開辦郵政總章

一、現經奏明，將以上各章作爲開辦章程，嗣後隨時體察情形，因時制宜，增添更改，均可隨時添入，當經奉旨准行照辦。

以上所擬四項章程，足爲開辦郵政，嗣後應增應減，再當隨時隨勢詳細擬議，仍一面稟明遵行爲要。

附錄 2：《中華民國郵政條例》

中華民國郵政條例

　　中華民國十年（1921 年）十月十二日以大總統令公佈，1935 年《中華民國郵政法》公佈後失效。

　　第一條　郵政事業專由國家經營。

　　第二條　信函、明信片之收取、寄發及投遞爲郵政事業。

　　第三條　郵政機關除第二條事項外，得兼營下列各種對象之收取、寄發及投遞：

　　一、報紙、書籍及其他印刷物；

　　二、貨樣及貿易契據；

　　三、其他可以遞送之件。

　　信函、明信片及前項各種郵件之重量、尺寸於郵政章程定之。

　　第四條　下列事務亦得由郵政機關兼營：

　　一、匯兌；

　　二、包裹；

　　三、儲金；

　　四、凡加入萬國郵會各國之郵政機關所經營之事務；

　　五、其他依法律、命令之所定屬於郵政機關之事務。

　　第五條　無論何人不得經營第二條之事業，但下列各款不在此限：

　　一、承攬運送業者隨貨物發送之憑券；

　　二、臨時雇用或委託特定之一人向特定之一人收取或遞送信函。

第六條　郵費之交付以郵局發行之郵票、明信片、郵制信箋及照章蓋用之郵政事務戳記或立券報紙上之戳記表示之。郵費定率於郵政章程定之。

第七條　郵票及郵局發行之明信片、郵制信箋有污損時失其效力。

第八條　郵政機關之員役，因執行職務暨所有郵件、包裹及郵政公用物經過道路、橋樑、關津及其他交通線上有優先通行權，並得免納通行費。遇有城垣地方當城門已閉時，得隨時請求開放。

第九條　郵政機關得於道路、官署、學校、宅地、商店、工場及其他公眾出入之處所設置收受郵件專用器具。但除道路外，須得管理人之同意。

第十條　郵政機關公用物除由外洋運到各件應納海關進口稅外，概免各種稅捐。

第十一條　關於郵政事務無能力者，對於郵政機關之行爲視爲有能力者之行爲。

第十二條　檢察官、警察官及其他地方行政官除依本條例之規定應負完全之責任外，對於郵政事務及郵政產業須以實力維持保護之。

第十三條　所有在本國之鐵路，均須依交通部所定辦法負運送郵件及包裹之責。

鐵路因運送郵件暨包裹，須備足容郵政機關員役及郵件、包裹之車輛。

第十四條　凡船舶往來於中國各口岸或由中國口岸開往外國口岸者，均負有沿途代運郵件暨包裹之責。

第十五條　凡航行於內河之輪船及其他定期往來於一定航路以運送爲業之船，均有免費代運沿途郵件及包裹之責。但遇有重大包裹得由郵政機關酌給酬費。

第十六條　長途汽車無論開往何處，均須依交通部之所定負代運郵件及包裹之責。

第十七條　飛艇、飛機及其他各種航空之具，在中國領土於一定區域內准許飛行者須依交通部所定辦法負代運郵件之責。

第十八條　依第十三條至第十七條之規定有代運郵件及包裹之責者，在車、船開行前應將郵政機關交運之件逐件接收。車、船到達後應即按照郵政機關所指定之郵政機關逐件點交。

第十九條　郵政機關員役不得開拆他人之封緘信函或洩漏明信片所載之內容。但依法律之規定，應由主管官署檢閱或扣留者不在此限。

郵政機關人員不得侵犯郵政匯兌及儲金之款項。

第二十條　郵政機關員役關於其職務事項未經該管長官特准，不得為法律上之證人。

第二十一條　各種郵件及包裹均須設法遞交表面所指定之受取人，如因受取人及寄件人之所在不明無法遞交亦不能退還時，應由郵政機關於相當期間內公告之。

依前項規定公告後仍無人受取之郵件及包裹，得由郵政機關處分之。

公告之期間及方法於郵政章程定之。

第二十二條　前條之規定於郵政匯款准用之。

第二十三條　掛號、快遞郵件如有遺失；保險郵件、包裹及保險包裹如有遺失、毀損時，寄件人得向郵政機關請求損害賠償。但有下列情事之一者不在此限：

一、其損失之事由出於寄件人或受取人之過失者；

二、郵件之性質有瑕疵者；

三、因天災、地變及其他不可抗力而損失者；

四、在外國境內遺失，依其國之法令不負賠償責任者。

前項賠償之方法於郵政章程定之。

第二十四條　掛號、快遞及保險郵件、包裹及保險包裹如有遺失或誤投或遲延或無法投遞，致寄件人或受取人直接、間接發生損害時，郵政機關除照前條賠償外，不負其他責任。前項郵件包封及包裹內附裝之某物，如有遺失或損壞致寄件人或受取人直接或間接耗有費用者，郵局亦不負責。

第二十五條　各種郵件及包裹依寄件人之指定遞交受取人或退還寄件人時，如表面無私拆痕跡、重量並不減少者，不得以毀損論。重量雖減少，其減少之原因由於該對象之特性者亦同。

第二十六條　郵政機關因欲確知受取人之真偽，得使受取人為必要之證明。

第二十七條　違反第五條之規定者，處以五百元以下、五十元以上之罰金，並按郵章所規定之數，將各該郵件科罰郵資。

第二十八條　偽造或變造郵票及郵局發行之明信片、郵制信箋者，依《刑律》偽造有價證券罪處斷。其知情而發售或行使者亦同。

郵政機關員役犯前項之罪者加一等處罰。

第二十九條　冒用郵政專用物及其旗幟、標誌者，依《刑律》第二百十五條加一等處罰。

第三十條　郵政機關員役違反第十九條第一項之規定者，依《刑律》第三百六十二條加一等處罰；違反第十九條第二項之規定有竊盜或侵佔之情事者，依《刑律》第三百六十七條或三百九十二條加一等處罰。

第三十一條　郵政機關員役竊取郵件、包裹之全部或一部分者，依《刑律》竊盜罪加一等處罰。其剝脫或竊取郵票者亦同。

第三十二條　第三十條、第三十一條之規定，於有代運郵件之責者適用之。

第三十三條　郵政機關員役無正當事由，拒絕寄件人之交寄郵件或將郵件遺失或故意延誤或毀損者，處以百元以下、五元以上之罰金。

第三十四條　騙取、竊取或無故開拆、藏匿、毀棄他人之郵件者，依《刑律》第三百六十二條處斷。

第三十五條　騙取或竊取他人郵寄之財物者，依《刑律》詐欺取財罪處斷。

第三十六條　誤收他人郵件，因惡意不將郵件繳還者，依第三十四條之規定減一等處斷。如竊取郵件內之財物者，應依《刑律》竊盜罪之規定，並從俱發罪例處斷。

第三十七條　第三十四條至第三十六條之犯罪者，依被害人之請求，仍負損害賠償之責。

第三十八條　於明記價值之信函、包裹浮報價值或捏報價值者，依《刑律》第三百八十二條處罰，其利用郵件以售其詐欺取財者亦同。

第三十九條　於郵政機關員役執行職務時加以妨害者，依《刑律》妨害公務罪處斷。

第四十條　未經郵政機關許可，發賣郵票、明信片及郵制信箋者，處以五十元以下、五元以上之罰金。

第四十一條　無論何人，利用郵件藉圖漏稅者，依關於課稅之法令處斷。

第四十二條　無論何人，利用郵件寄送違禁物品者，依《刑律》及其他法令之規定處罰。

第四十三條　負代運郵件之責者有下列各款情事之一時，如係個人處以五十元以下、五元以上之罰金；如係公司或合夥處以五百元以下、五十元以

上之罰金，並得酌量情形停止其營業：

　　一、無正當事由拒絕郵件之代運者；

　　二、遺失郵件或故意延誤、毀損者；

　　三、違反禁制者。

　　第四十四條　依本條例之規定，受《刑律》之制裁者，其從犯不適用《刑律》減等之規定。郵政機關員役依本條例受刑罰之宣告者，不得復從事於郵政機關之職務。

　　第四十五條　關於郵政事務遇有萬國郵會發生之事項，應由郵政總局承交通總長之指揮處理之。

　　第四十六條　本條例施行前，以第二條之事項為營業曾經郵政局許可或於本條例施行後三個月以內呈請郵政局許可者，視為郵政局之代理機關不適用第五條之規定。但郵政局認為必要時得停止其郵政營業。

　　第四十七條　本條例自公佈日施行。

附錄 3：《中華民國郵政法》

中華民國郵政法

中華民國二十四年（1935 年）七月五日以國民政府第五四九號令公佈

第一條　郵政為國營事業，由交通部掌管之。

第二條　交通部為經營郵政業務，設置郵政機關，其組織另以法律定之。

第三條　關於各類郵件或其事務，如國際郵政公約或協定有規定者，依其規定。但其規定如與本法相牴觸時，除國際郵件事務外，適用本法之規定。

第四條　郵件之種類及資費，依左列之規定。但交通部得呈准行政院減低其資費。

郵件種類			計費標準	資費	
				國內	
				第一資 各局就地投送界內	第二資 各局互寄
第一類	信函類		每起重二十公分或其畸零之數	二分	五分
			每續加二十公分或其畸零之數	二分	五分
第二類	明信片		單	一分	二分半
			雙（即附有回片者）	二分	五分

郵件種類			計費標準	資費	
第三類	新聞紙	第一類（平常）	每束一張或數張	每重一百公分半分	每重五十公分半分
		第二類（立券）	每束一張或數張按每次交寄總重計算	每重一百公分半分按六折收費	每重五十公分半分按六折收費
		第三類（總包）	每份每重一百公分或其畸零之數		一釐
第四類	書籍印刷物貿易契等類		重不逾一百公分	半分	一分
			逾一百至二百五十公分	一分	二分半
			逾二百五十至五百公分	二分	五分
			逾五百公分至一公斤	四分	七分半
			逾一公斤至二公斤	七分半	一角五分
			逾二公斤至三公斤（此行重量只適用於單本寄遞之書籍）	一角一分半	二角二分半
第五類	瞽者所用印有點痕或凸出字樣之文件		重不逾一百公分	半分	一分
			逾一百至二百五十公分	一分	二分半
			逾二百五十至五百公分	二分	五分
			逾五百公分至一公斤	四分	七分半
			逾一公斤至三公斤	七分半	一角五分
			逾三公斤至五公斤	一角	二角
第六類	商務傳單		每五十張或五十張以內	五分	五分另加刷印物資費
第七類	貨樣類		重不逾一百公分	一分	三分
			逾一百至二百五十公分	二分	七分半
			逾二百五十至三百五十公分	四分	一角零半分
			逾三百五十至五百公分（重至此數爲限）	六分	一角五分
第八類	掛號郵件		每件除普通資費外另加	八分	八分

郵件 種類			計費標準	資費	
第九類	平快郵件		每件除普通資費外另加	五分	五分
第十類	快遞掛號 郵件		每件除普通資費外另加	一角二分	一角二分

前項以外之郵件，其種類及資費，由交通部擬訂，呈請行政院核定之。

第五條　郵政機關除遞送前條郵件外，依法律之規定，得經營左列事務。

（一）匯兌。

（二）儲金。

（三）簡易人壽保險。

（四）在交通不便之地方，爲遞送郵件而兼營之旅客運送。

第六條　關於前兩條郵政事務之處理規則，由交通部擬訂，呈請行政院核定之。

第七條　無論何人不得以遞送第一類、第二類、第八類、第九類及第十類郵件爲營業。運送機關或運送業者，附送與貨物有關之通知，不受前項之限制。

第八條　郵費之交付，以郵票、明信片、特製郵簡、或證明郵資已付之戳記表示之。

郵票、明信片及特製郵簡，由交通部擬訂式樣及價格，呈請行政院核定，由郵政機關發行。郵費交付後，除法令另有規定外，不得請求退還。

第九條　已污損之郵票，失其效力。明信片及特製郵簡上表示價格之花紋有污損時亦同。

第十條　郵政機關得呈請交通部轉呈行政院核准，將其發行之郵票廢止之。但應於一個月前公告，並停止其售賣。

持有前項廢止之郵票者，自廢止之日起，在六個月內，得向郵政機關換取新票。

第十一條　郵政機關非依法令，不得拒絕郵件之接受及遞送。但禁寄物品不在此限。

禁寄物品之種類及其處分方法，於郵政規程中定之。

第十二條　各類郵件，除法令另有規定外，應按其表面所書收件人之地址投遞之。無法投遞時，應退還寄件人。

　　無法投遞或無法退還之郵件，應由郵政機關公告之。經過相當時期，無人領取時，得由交通部指定之郵政機關處分之。

　　前項公告之期間，與公告及處分之方法，於郵政規程中定之。

　　第十三條　各類郵件之收件人有二人或二人以上時，得向其中任何一人投遞之。

　　前項郵件在未投寄前，收件人間發生爭議，向郵政機關聲明，對於其郵件之收受已提起訴訟時，應依確定之判決或訴訟結果投遞之。

　　第十四條　郵政機關欲確知收件人之眞僞，得使其爲必要之證明。

　　第十五條　凡以運送爲業之鐵路、長途汽車、船舶、航空機，均負載運郵件及其處理人員之責。

　　前項載運，除航空機外，均爲無償。但得由交通部給付津貼。對於民營運送業津貼之給付，並得採會商辦法。會商不諧時，由交通部核定之。

　　第十六條　依前條之規定，有代運郵件之責者，應負左列之責任：

　　（一）應常備足容郵件及其處理人員之車輛或地位，並應妥籌保管郵件之方法。

　　（二）應於開行前將交運郵件逐件接收，到達後向交運時所指定之郵政機關逐件點交。

　　遇有特殊情形時，內河較小之船舶、長途汽車、或航空機，得免載處理人員。

　　第十七條　郵件、郵政資產、郵政款項、及郵政公用物，非依法律，不得檢查、徵收、或扣押。

　　前項郵政公用物，謂專供郵政使用之車、船、航空機、牲畜、器具、建築物、及土地。

　　第十八條　郵政公用物及郵政機關之業務單據，除稅法另有規定外，免納中央及地方一切稅捐。但非關於郵政專用之產業，不得免稅。

　　郵件在航運發生海難時，不分擔共同海損。

　　第十九條　執行業務中之郵政人員，暨所遞送之郵件與郵政公用物，經過道路、橋樑、關津等交通線路，有優先通行權，並免納通行稅捐。遇有城垣地方，當城門已閉時，得隨時請求開放。

　　第二十條　郵政機關得於道路、宅地、商場、工廠、官署、學校、公私團體、及其他公眾出入處所，設置收受郵件專用器具，並收取郵件。但除道

路外，須得其管理人之同意。

第二十一條　檢查官、行政人員、及其他軍警人員，於郵政事務有被侵害之危險時，依郵政機關或其服務人員之請求，應迅為防止或救護之措置。

第二十二條　郵政機關對於違犯第七條規定之私運郵件，得派員搜查或扣留之。並得請求當地法院檢察官、警察官署、或地方行政官署羈押其私運人。

第二十三條　郵政人員因職務知悉他人情形，均應嚴守秘密。

第二十四條　郵政人員不得開拆他人之郵件。但第三類至第七類郵件，依法令得拆驗者，不在此限。

郵政機關於接受包裹郵件時，如認其內裝之物為郵政禁寄物品，或有違反郵政法規者，得令寄件人開拆查驗其內容，並為驗訖之證明。寄件人如拒絕拆驗時，郵政機關得拒絕接受該郵件。

第二十五條　郵件遇左列情形時，寄件人得向郵政機關請求補償。

（一）各類掛號郵件及快遞掛號郵件遺失或被竊時。

（二）保價郵件或包裹全部或一部遺失或被竊或被毀損時。

第二十六條　前條求償權，遇左列情形時，得由收件人行使之。

（一）收件人提出證據，證明已由寄件人授與求償權時。

（二）收件人已收受毀損被竊所餘之部分，而聲明保留一部分求償權時。

第二十七條　郵件補償之金額及其方法，於郵政規程中定之。

第二十八條　第二十五條所列郵件，如有左列情事之一者，不得請求補償。

（一）因寄件之性質或瑕疵致損失者。

（二）因天災事變或其他不可抗力致損失者。

（三）在外國境內損失，依該國之法令，不負補償責任者。

（四）寄件係違禁物或違反郵政規程致損失者。保價郵件除因國際戰爭致有損失者外，不適用前項第二款之規定。

第二十九條　郵政機關除依本法第二十五條至第二十七條之規定負補償責任外，關於郵政人員對他人所為之侵權行為，不負責任。

第三十條　郵件遞交收件人或退還寄件人時，如封面無破裂痕跡，重量亦未減少者，不得以毀損論。重量雖減少，其原因由於該對象之性質者亦同。

郵件遞交收件人或退還寄件人時，如已因時間關係或市價變動而消失其

一部或全部價值者，不得以損失論。

第三十一條　郵政機關對於儲金匯兌或簡易人壽保險，依據合法之程序，交付款項後，即爲正當給付。嗣後無論發生何項情事，不負任何責任。

第三十二條　郵政機關於履行補償後，發見原寄件之全部或一部時，應通知受領補償者，得於受到通知之日起，三個月內，退還補償金之全部或一部，請求交付該項發見之原寄件。

第三十三條　寄件人或收件人之補償請求權，因左列期間內不行使而消滅。

（一）寄件或收件地點在陝西、甘肅、寧夏、青海、新疆、雲南、貴州、四川、西康、西藏、蒙古者，自原件交寄之日起，以十二個月爲限。

（二）寄件或收件地點在前款所列以外各省者，自原件交寄之日起，以六個月爲限。

寄件人或收件人，如於前項期間內曾向郵政機關聲請查詢該郵件者以已經請求論。

第三十四條　寄件人或收件人，對於郵政機關補償之決定，如有不服，得依法提起訴願。

第三十五條　無行爲能力者，或限制行爲能力者，關於郵政事務對郵政機關所爲之行爲，視爲有能力者之行爲。

第三十六條　違反第七條第一項之規定者，處一千元以下罰金。並依郵政規程之規定，就各該郵件科罰郵資。

第三十七條　冒用郵政專用物或其旗幟、標誌者，處五百元以下罰金。

第三十八條　未經郵政機關之許可，販賣郵票、明信片、或特製郵簡者，處五十元以下罰金。

第三十九條　意圖供行使之用，而僞造、變造明信片、特製郵簡、郵政認知證、國際回信郵票券、郵政匯票、匯兌印紙、郵政支票、郵政劃條、郵政儲金簿、或郵資已付之戳記者，依刑法第二百零二條第一項處斷。

行使或意圖供行使之用，而收集、僞造、變造前項之物者，依刑法第二百零二條第二項處斷。

意圖供自己或他人連續行使之用，而於郵票、明信片、或特製郵簡之印花上，塗用膠類、油類、漿類、或其他化合物者，依刑法第二百零二條第三項處斷。

第四十條　郵政人員犯前條之罪，或刑法第二百零二條或第二百十六條關於郵票之罪者，加重其刑二分之一。

第四十一條　無故開拆或隱匿他人之郵件者，依刑法第三百十五條處斷。

第四十二條　誤收他人之郵件，故意不繳還者，處三百元以下罰金。

犯前項之罪，因而竊取其郵件內之財務者，並依刑法第三百二十條從重處斷。

第四十三條　關於前二條之罪，郵政機關在訴訟程序上，亦得視為被害人。

第四十四條　郵政人員竊盜或侵佔郵政儲金匯兌或簡易人壽保險款項者，分別依刑法竊盜、侵佔各罪，加重其刑二分之一處斷。其利用郵政儲金匯兌或簡易人壽保險詐欺取財者，依刑法詐欺罪，加重其刑二分之一處斷。

郵政人員剝取郵票者，以竊盜論。

第四十五條　郵政人員無正當事由，拒絕寄件人交寄之郵件，或匯款人交匯之款項，或故意延擱郵件或匯款者，處五百元以下罰金。

第四十六條　郵政人員因過失而遺失或毀損郵件者，處三百元以下罰金。

第四十七條　負代運郵件之責者，有左列情事之一時，處五百元以下罰金。

（一）無正當事由拒絕代運郵件者。

（二）遺失郵件或故意延誤者。

第四十八條　本法關於處罰郵政人員之規定，及刑法第一百三十三條之規定，於負有代運郵件之責者，均適用之。

第四十九條　郵政規程由交通部擬訂，呈請行政院核定之。

第五十條　本法施行日期，以命令定之。

附錄 4：《中華人民共和國郵政法》（1986 年）

中華人民共和國郵政法

（1986 年 12 月 2 日第六屆全國人民代表大會常務委員會第十八次會議通過　1986 年 12 月 2 日中華人民共和國主席令第四十七號公佈　自 1987 年 1月 1 日起施行）

第一章　總　則

第一條　為了保護通信自由和通信秘密，保障郵政工作的正常進行，促進郵政事業的發展，以適應社會主義建設和人民生活的需要，根據《中華人民共和國憲法》，制定本法。

第二條　國務院郵政主管部門管理全國郵政工作。

國務院郵政主管部門根據需要設立地區郵政管理機構，管理各該地區的郵政工作。

第三條　國務院郵政主管部門所屬的郵政企業是全民所有制的經營郵政業務的公用企業。

郵政企業按照國務院郵政主管部門的規定設立經營郵政業務的分支機構。

第四條　通信自由和通信秘密受法律保護。除因國家安全或者追查刑事犯罪的需要，由公安機關、國家安全機關或者檢察機關依照法律規定的程序對通信進行檢查外，任何組織或者個人不得以任何理由侵犯他人的通信自由

和通信秘密。

第五條　用戶交寄的郵件、交匯的匯款和儲蓄的存款受法律保護。除法律另有規定外，任何組織或者個人不得檢查、扣留。

第六條　郵政企業應當爲用戶提供迅速、準確、安全、方便的郵政服務。

除法律另有規定外，郵政企業和郵政工作人員不得向任何組織或者個人提供用戶使用郵政業務的情況。

第七條　郵件和匯款在未投交收件人、收款人之前，所有權屬於寄件人或者匯款人。

第八條　信件和其他具有信件性質的物品的寄遞業務由郵政企業專營，但是國務院另有規定的除外。

郵政企業根據需要可以委託其他單位或者個人代辦郵政企業專營的業務。代辦人員辦理郵政業務時，適用本法關於郵政工作人員的規定。

第九條　任何單位或者個人不得僞造或者冒用郵政專用標誌、郵政標誌服和郵政專用品。

第二章　郵政企業的設置和郵政設施

第十條　郵政企業及其分支機構的設置標準，由國務院郵政主管部門規定。

第十一條　郵政企業應當在方便群眾的地方設置分支機構、郵亭、報刊亭、郵筒等設施，或者進行流動服務。

城市居民樓應當設置住戶接收郵件的信報箱。

在較大的車站、機場、港口和賓館內，應當設有辦理郵政業務的場所。

第三章　郵政業務的種類和資費

第十二條　郵政企業經營下列業務：

（一）國內和國際郵件寄遞；

（二）國內報刊發行；

（三）郵政儲蓄、郵政匯兌；

（四）國務院郵政主管部門規定的適合郵政企業經營的其他業務。

第十三條　郵政企業及其分支機構不得擅自停辦國務院郵政主管部門和地區郵政管理機構規定的必須辦理的郵政業務。

因不可抗力或者特殊原因，郵政企業及其分支機構需要暫時停止或者限製辦理部分郵政業務，必須經國務院郵政主管部門或者地區郵政管理機構批准。

第十四條　郵政企業應當加強報刊發行工作。出版單位委託郵政企業發行報刊，應當與郵政企業訂立發行合同。

第十五條　郵政業務的基本資費，由國務院物價主管部門制定，報國務院批准。非基本資費由國務院郵政主管部門規定。

第十六條　各類郵件資費的交付，以郵資憑證或者證明郵資已付的戳記表示。

第十七條　郵票、郵資信封、郵資明信片、郵資郵簡等郵資憑證由國務院郵政主管部門發行，任何單位或者個人不得偽造。

仿印郵票圖案的管理辦法，由國務院郵政主管部門規定。

第十八條　售出的郵資憑證不得向郵政企業及其分支機構兌換現金。

停止使用的郵資憑證，由國務院郵政主管部門在停止使用前一個月公告並停止出售，持有人可以白公告之日起六個月內向郵政企業及其分支機構換取有效的郵資憑證。

第十九條　下列郵資憑證不得使用：

（一）經國務院郵政主管部門公告已經停止使用的；

（二）蓋銷或者劃銷的；

（三）污染、殘缺或者褪色、變色，難以辨認的；

（四）從郵資信封、郵資明信片、郵資郵簡上剪下的郵票圖案。

第四章　郵件的寄遞

第二十條　用戶交寄郵件，必須遵守國務院有關主管部門關於禁止寄遞物品、限量寄遞物品的規定。

第二十一條　用戶交寄除信件以外的其他郵件，應當交郵政企業或者其分支機構當面驗視內件。拒絕驗視的，不予收寄。

用戶交寄的信件必須符合准寄內容的規定，必要時郵政企業及其分支機構有權要求用戶取出進行驗視。

第二十二條　郵政企業及其分支機構應當按照國務院郵政主管部門規定的時限投交郵件。

第二十三條　無法投遞的郵件，應當退回寄件人。

無法投遞又無法退回的信件，在國務院郵政主管部門規定的期限內無人認領的，由地區郵政管理機構負責銷毀。

無法投遞又無法退回的進口國際郵遞物品，在國務院郵政主管部門規定的期限內無人認領的，由海關依法處理。

無法投遞又無法退回的其他郵件的處理辦法，由國務院郵政主管部門規定。

第二十四條　郵政匯款的收款人應當自收到匯款通知之日起兩個月內憑有效證明到郵政企業或者其分支機構兌領匯款；逾期未領的匯款，由郵政企業或者其分支機構退回匯款人。自退匯通知投交匯款人之日起滿十個月未被領回的匯款，上繳國庫。

第二十五條　寄遞郵件逐步實行郵政編碼，具體辦法由國務院郵政主管部門規定。

第五章　郵件的運輸、驗關和檢疫

第二十六條　鐵路、公路、水運、航空等運輸單位均負有載運郵件的責任，保證郵件優先運出，並在運費上予以優惠。

第二十七條　郵政企業在車站、機場、港口轉運郵件，有關運輸單位應當統一安排裝卸郵件的場所和出入通道。

第二十八條　帶有郵政專用標誌的郵政車船和郵政工作人員進出港口、通過渡口時，應當優先放行。帶有郵政專用標誌的郵政車輛需要通過禁行路線或者在禁止停車地段停車的，由有關主管部門核准通行、停車。

第二十九條　郵件通過海上運輸時，不參與分攤共同海損。

第三十條　國際郵遞物品未經海關查驗放行，郵政企業不得寄遞。國際郵袋出入境、開拆和封發，應當由海關監管。郵政企業應當將作業時間事先通知海關，海關應當按時派員到場監管查驗。

第三十一條　依法應當施行衛生檢疫或者動植物檢疫的郵件，由檢疫部門負責揀出並進行檢疫；未經檢疫部門許可，郵政企業不得運遞。

第六章　損失賠償

第三十二條　用戶對交寄的給據郵件和交匯的匯款，可以在交寄或者交

匯之日起一年內，持據向收寄、收匯的郵政企業或者其分支機構查詢。郵政企業及其分支機構應當在國務院郵政主管部門規定的期限內將查詢結果通知查詢人。

查復期滿無結果的，郵政企業應當先予賠償或者採取補救措施。自賠償之日起一年內，查明有本法第三十四條第（二）項和第（三）項情形之一的，郵政企業有權收回賠償。

第三十三條　郵政企業對於給據郵件丟失、損毀、內件短少，依照下列規定賠償或者採取補救措施：

（一）掛號信件，按照國務院郵政主管部門規定的金額賠償。

（二）保價郵件，丟失或者全部損毀的，按照保價額賠償；內件短少或者部分損毀的，按照保價額同郵件全部價值的比例對郵件實際損失予以賠償。

（三）非保價郵包，按照郵包實際損失價值賠償，但是最高不超過國務院郵政主管部門規定的限額。

（四）其他給據郵件，按照國務院郵政主管部門規定的辦法賠償或者採取補救措施。

第三十四條　有下列情形之一的，郵政企業不負賠償責任：

（一）平常郵件的損失；

（二）由於用戶的責任或者所寄物品本身的原因造成給據郵件損失的；

（三）除匯款和保價郵件以外的其他給據郵件由於不可抗力的原因造成損失的；

（四）用戶自交寄給據郵件或者交匯匯款之日起滿一年未查詢又未提出賠償要求的。

第三十五條　用戶因損失賠償同郵政企業發生爭議的，可以要求郵政企業的上級主管部門處理，對處理不服的可以向人民法院起訴；也可以直接向人民法院起訴。

第七章　罰　則

第三十六條　隱匿、毀棄或者非法開拆他人信件，侵犯公民通信自由權利，情節嚴重的，依照《中華人民共和國刑法》第一百四十九條的規定追究刑事責任；尚不夠刑事處罰的，依照《中華人民共和國治安管理處罰條例》第二十二條的規定處罰。

第三十七條　郵政工作人員私自開拆或者隱匿、毀棄郵件的，依照《中華人民共和國刑法》第一百九十一條第一款的規定追究刑事責任。

犯前款罪而竊取財物的，依照《中華人民共和國刑法》第一百九十一條第二款的規定，按貪污罪從重處罰。

第三十八條　故意損毀郵筒等郵政公用設施，尚不夠刑事處罰的，依照《中華人民共和國治安管理處罰條例》第二十五條的規定處罰；情節嚴重的，依照《中華人民共和國刑法》第一百五十六條的規定追究刑事責任。

第三十九條　郵政工作人員拒不辦理依法應當辦理的郵政業務的，故意延誤投遞郵件的，給予行政處分。郵政工作人員玩忽職守，致使公共財產、國家和人民利益遭受重大損失的，依照《中華人民共和國刑法》第一百八十七條的規定追究刑事責任。

第四十條　違反本法第八條規定，經營信件和其他具有信件性質的物品的寄遞業務的，由工商行政管理部門責令其將收寄的信件和其他具有信件性質的物品及收取的資費退還寄件人，處以罰款。

當事人對處罰決定不服的，可以在接到處罰通知之日起十五日內向人民法院起訴；逾期不起訴又不履行的，由工商行政管理部門申請人民法院強制執行。

第八章　附　則

第四十一條　本法下列用語的含義是：

（一）郵件：指通過郵政企業寄遞的信件、印刷品、郵包、匯款通知、報刊等。

（二）信件：指信函和明信片。

（三）平常郵件：指郵政企業及其分支機構在收寄時不出具收據，投遞時不要求收件人簽收的郵件。

（四）給據郵件：指掛號信件、郵包、保價郵件等由郵政企業及其分支機構在收寄時出具收據，投遞時要求收件人簽收的郵件。

（五）國際郵遞物品：指中華人民共和國與其他國家和地區的用戶相互寄遞的印刷品和郵包。

（六）郵政專用品：指郵政日戳、郵政夾鉗和郵袋。

第四十二條　中華人民共和國締結或者參加的有關國際郵政事務的國際

條約同本法有不同規定的，適用該國際條約的規定。但是，中華人民共和國聲明保留的條款除外。

第四十三條　國務院郵政主管部門根據本法制定實施細則，報國務院批准施行。

第四十四條　本法自 1987 年 1 月 1 日起施行。

附錄 5：《中華人民共和國郵政法》（2009 年）

中華人民共和國郵政法

（1986 年 12 月 2 日第六屆全國人民代表大會常務委員會第十八次會議通過 2009 年 4 月 24 日第十一屆全國人民代表大會常務委員會第八次會議修訂 根據 2012 年 10 月 26 日第十一屆全國人民代表大會常務委員會第二十九次會議《關於修改〈中華人民共和國郵政法〉的決定》修正）

第一章　總　則

第一條　爲了保障郵政普遍服務，加強對郵政市場的監督管理，維護郵政通信與信息安全，保護通信自由和通信秘密，保護用戶合法權益，促進郵政業健康發展，適應經濟社會發展和人民生活需要，制定本法。

第二條　國家保障中華人民共和國境內的郵政普遍服務。

郵政企業按照國家規定承擔提供郵政普遍服務的義務。

國務院和地方各級人民政府及其有關部門應當採取措施，支持郵政企業提供郵政普遍服務。

本法所稱郵政普遍服務，是指按照國家規定的業務範圍、服務標準和資費標準，爲中華人民共和國境內所有用戶持續提供的郵政服務。

第三條　公民的通信自由和通信秘密受法律保護。除因國家安全或者追查刑事犯罪的需要，由公安機關、國家安全機關或者檢察機關依照法律規定的程序對通信進行檢查外，任何組織或者個人不得以任何理由侵犯公民的通

信自由和通信秘密。

除法律另有規定外，任何組織或者個人不得檢查、扣留郵件、匯款。

第四條　國務院郵政管理部門負責對全國的郵政普遍服務和郵政市場實施監督管理。

省、自治區、直轄市郵政管理機構負責對本行政區域的郵政普遍服務和郵政市場實施監督管理。

按照國務院規定設立的省級以下郵政管理機構負責對本轄區的郵政普遍服務和郵政市場實施監督管理。

國務院郵政管理部門和省、自治區、直轄市郵政管理機構以及省級以下郵政管理機構（以下統稱郵政管理部門）對郵政市場實施監督管理，應當遵循公開、公平、公正以及鼓勵競爭、促進發展的原則。

第五條　國務院規定範圍內的信件寄遞業務，由郵政企業專營。

第六條　郵政企業應當加強服務質量管理，完善安全保障措施，爲用戶提供迅速、準確、安全、方便的服務。

第七條　郵政管理部門、公安機關、國家安全機關和海關應當相互配合，建立健全安全保障機制，加強對郵政通信與信息安全的監督管理，確保郵政通信與信息安全。

第二章　郵政設施

第八條　郵政設施的佈局和建設應當滿足保障郵政普遍服務的需要。

地方各級人民政府應當將郵政設施的佈局和建設納入城鄉規劃，對提供郵政普遍服務的郵政設施的建設給予支持，重點扶持農村邊遠地區郵政設施的建設。

建設城市新區、獨立工礦區、開發區、住宅區或者對舊城區進行改建，應當同時建設配套的提供郵政普遍服務的郵政設施。

提供郵政普遍服務的郵政設施等組成的郵政網絡是國家重要的通信基礎設施。

第九條　郵政設施應當按照國家規定的標準設置。

較大的車站、機場、港口、高等院校和賓館應當設置提供郵政普遍服務的郵政營業場所。

郵政企業設置、撤銷郵政營業場所，應當事先書面告知郵政管理部門；

撤銷提供郵政普遍服務的郵政營業場所，應當經郵政管理部門批准並予以公告。

第十條　機關、企業事業單位應當設置接收郵件的場所。農村地區應當逐步設置村郵站或者其他接收郵件的場所。

建設城鎮居民樓應當設置接收郵件的信報箱，並按照國家規定的標準驗收。建設單位未按照國家規定的標準設置信報箱的，由郵政管理部門責令限期改正；逾期未改正的，由郵政管理部門指定其他單位設置信報箱，所需費用由該居民樓的建設單位承擔。

第十一條　郵件處理場所的設計和建設，應當符合國家安全機關和海關依法履行職責的要求。

第十二條　徵收郵政營業場所或者郵件處理場所的，城鄉規劃主管部門應當根據保障郵政普遍服務的要求，對郵政營業場所或者郵件處理場所的重新設置作出妥善安排；未作出妥善安排前，不得徵收。

郵政營業場所或者郵件處理場所重新設置前，郵政企業應當採取措施，保證郵政普遍服務的正常進行。

第十三條　郵政企業應當對其設置的郵政設施進行經常性維護，保證郵政設施的正常使用。

任何單位和個人不得損毀郵政設施或者影響郵政設施的正常使用。

第三章　郵政服務

第十四條　郵政企業經營下列業務：

（一）郵件寄遞；

（二）郵政匯兌、郵政儲蓄；

（三）郵票發行以及集郵票品製作、銷售；

（四）國內報刊、圖書等出版物發行；

（五）國家規定的其他業務。

第十五條　郵政企業應當對信件、單件重量不超過五千克的印刷品、單件重量不超過十千克的包裹的寄遞以及郵政匯兌提供郵政普遍服務。

郵政企業按照國家規定辦理機要通信、國家規定報刊的發行，以及義務兵平常信函、盲人讀物和革命烈士遺物的免費寄遞等特殊服務業務。

未經郵政管理部門批准，郵政企業不得停止辦理或者限製辦理前兩款規

定的業務；因不可抗力或者其他特殊原因暫時停止辦理或者限製辦理的，郵政企業應當及時公告，採取相應的補救措施，並向郵政管理部門報告。

郵政普遍服務標準，由國務院郵政管理部門會同國務院有關部門制定；郵政普遍服務監督管理的具體辦法，由國務院郵政管理部門制定。

第十六條　國家對郵政企業提供郵政普遍服務、特殊服務給予補貼，並加強對補貼資金使用的監督。

第十七條　國家設立郵政普遍服務基金。郵政普遍服務基金徵收、使用和監督管理的具體辦法由國務院財政部門會同國務院有關部門制定，報國務院批准後公佈施行。

第十八條　郵政企業的郵政普遍服務業務與競爭性業務應當分業經營。

第十九條　郵政企業在城市每週的營業時間應當不少於六天，投遞郵件每天至少一次；在鄉、鎮人民政府所在地每週的營業時間應當不少於五天，投遞郵件每週至少五次。

郵政企業在交通不便的邊遠地區和鄉、鎮其他地區每週的營業時間以及投遞郵件的頻次，國務院郵政管理部門可以另行規定。

第二十條　郵政企業寄遞郵件，應當符合國務院郵政管理部門規定的寄遞時限和服務規範。

第二十一條　郵政企業應當在其營業場所公示或者以其他方式公佈其服務種類、營業時間、資費標準、郵件和匯款的查詢及損失賠償辦法以及用戶對其服務質量的投訴辦法。

第二十二條　郵政企業採用其提供的格式條款確定與用戶的權利義務的，該格式條款適用《中華人民共和國合同法》關於合同格式條款的規定。

第二十三條　用戶交寄郵件，應當清楚、準確地填寫收件人姓名、地址和郵政編碼。郵政企業應當在郵政營業場所免費爲用戶提供郵政編碼查詢服務。

郵政編碼由郵政企業根據國務院郵政管理部門制定的編制規則編制。郵政管理部門依法對郵政編碼的編制和使用實施監督。

第二十四條　郵政企業收寄郵件和用戶交寄郵件，應當遵守法律、行政法規以及國務院和國務院有關部門關於禁止寄遞或者限制寄遞物品的規定。

第二十五條　郵政企業應當依法建立並執行郵件收寄驗視制度。

對用戶交寄的信件，必要時郵政企業可以要求用戶開拆，進行驗視，但

不得檢查信件內容。用戶拒絕開拆的，郵政企業不予收寄。

對信件以外的郵件，郵政企業收寄時應當當場驗視內件。用戶拒絕驗視的，郵政企業不予收寄。

第二十六條　郵政企業發現郵件內夾帶禁止寄遞或者限制寄遞的物品的，應當按照國家有關規定處理。

進出境郵件中夾帶國家禁止進出境或者限制進出境的物品的，由海關依法處理。

第二十七條　對提供郵政普遍服務的郵政企業交運的郵件，鐵路、公路、水路、航空等運輸企業應當優先安排運輸，車站、港口、機場應當安排裝卸場所和出入通道。

第二十八條　帶有郵政專用標誌的車船進出港口、通過渡口時，應當優先放行。

帶有郵政專用標誌的車輛運遞郵件，確需通過公安機關交通管理部門劃定的禁行路段或者確需在禁止停車的地點停車的，經公安機關交通管理部門同意，在確保安全的前提下，可以通行或者停車。

郵政企業不得利用帶有郵政專用標誌的車船從事郵件運遞以外的經營性活動，不得以出租等方式允許其他單位或者個人使用帶有郵政專用標誌的車船。

第二十九條　郵件通過海上運輸時，不參與分攤共同海損。

第三十條　海關依照《中華人民共和國海關法》的規定，對進出境的國際郵袋、郵件集裝箱和國際郵遞物品實施監管。

第三十一條　進出境郵件的檢疫，由進出境檢驗檢疫機構依法實施。

第三十二條　郵政企業採取按址投遞、用戶領取或者與用戶協商的其他方式投遞郵件。

機關、企業事業單位、住宅小區管理單位等應當為郵政企業投遞郵件提供便利。單位用戶地址變更的，應當及時通知郵政企業。

第三十三條　郵政企業對無法投遞的郵件，應當退回寄件人。

無法投遞又無法退回的信件，自郵政企業確認無法退回之日起超過六個月無人認領的，由郵政企業在郵政管理部門的監督下銷毀。無法投遞又無法退回的其他郵件，按照國務院郵政管理部門的規定處理；其中無法投遞又無法退回的進境國際郵遞物品，由海關依照《中華人民共和國海關法》的規定處理。

第三十四條　郵政匯款的收款人應當自收到匯款通知之日起六十日內，

憑有效身份證件到郵政企業兌領匯款。

收款人逾期未兌領的匯款，由郵政企業退回匯款人。自兌領匯款期限屆滿之日起一年內無法退回匯款人，或者匯款人自收到退匯通知之日起一年內未領取的匯款，由郵政企業上繳國庫。

第三十五條　任何單位和個人不得私自開拆、隱匿、毀棄他人郵件。

除法律另有規定外，郵政企業及其從業人員不得向任何單位或者個人洩露用戶使用郵政服務的信息。

第三十六條　因國家安全或者追查刑事犯罪的需要，公安機關、國家安全機關或者檢察機關可以依法檢查、扣留有關郵件，並可以要求郵政企業提供相關用戶使用郵政服務的信息。郵政企業和有關單位應當配合，並對有關情況予以保密。

第三十七條　任何單位和個人不得利用郵件寄遞含有下列內容的物品：

（一）煽動顛覆國家政權、推翻社會主義制度或者分裂國家、破壞國家統一，危害國家安全的；

（二）洩露國家秘密的；

（三）散佈謠言擾亂社會秩序，破壞社會穩定的；

（四）煽動民族仇恨、民族歧視，破壞民族團結的；

（五）宣揚邪教或者迷信的；

（六）散佈淫穢、賭博、恐怖信息或者教唆犯罪的；

（七）法律、行政法規禁止的其他內容。

第三十八條　任何單位和個人不得有下列行爲：

（一）擾亂郵政營業場所正常秩序；

（二）阻礙郵政企業從業人員投遞郵件；

（三）非法攔截、強登、扒乘帶有郵政專用標誌的車輛；

（四）冒用郵政企業名義或者郵政專用標誌；

（五）偽造郵政專用品或者倒賣偽造的郵政專用品。

第四章　郵政資費

第三十九條　郵政普遍服務業務資費、郵政企業專營業務資費、機要通信資費以及國家規定報刊的發行資費實行政府定價，資費標准由國務院價格主管部門會同國務院財政部門、國務院郵政管理部門制定。

郵政企業的其他業務資費實行市場調節價，資費標准由郵政企業自主確定。

第四十條　制定郵政普遍服務業務資費標準和郵政企業專營業務資費標準，應當聽取郵政企業、用戶和其他有關方面的意見。

郵政企業應當根據國務院價格主管部門、國務院財政部門和國務院郵政管理部門的要求，提供準確、完備的業務成本數據和其他有關資料。

第四十一條　郵件資費的交付，以郵資憑證、證明郵資已付的戳記以及有關業務單據等表示。

郵資憑證包括郵票、郵資符志、郵資信封、郵資明信片、郵資郵簡、郵資信卡等。

任何單位和個人不得偽造郵資憑證或者倒賣偽造的郵資憑證，不得擅自仿印郵票和郵資圖案。

第四十二條　普通郵票發行數量由郵政企業按照市場需要確定，報國務院郵政管理部門備案；紀念郵票和特種郵票發行計劃由郵政企業根據市場需要提出，報國務院郵政管理部門審定。國務院郵政管理部門負責紀念郵票的選題和圖案審查。

郵政管理部門依法對郵票的印製、銷售實施監督。

第四十三條　郵資憑證售出後，郵資憑證持有人不得要求郵政企業兌換現金。

停止使用郵資憑證，應當經國務院郵政管理部門批准，並在停止使用九十日前予以公告，停止銷售。郵資憑證持有人可以自公告之日起一年內，向郵政企業換取等值的郵資憑證。

第四十四條　下列郵資憑證不得使用：

（一）經國務院郵政管理部門批准停止使用的；

（二）蓋銷或者劃銷的；

（三）污損、殘缺或者褪色、變色，難以辨認的。

從郵資信封、郵資明信片、郵資郵簡、郵資信卡上剪下的郵資圖案，不得作為郵資憑證使用。

第五章　損失賠償

第四十五條　郵政普遍服務業務範圍內的郵件和匯款的損失賠償，適用

本章規定。

郵政普遍服務業務範圍以外的郵件的損失賠償，適用有關民事法律的規定。

郵件的損失，是指郵件丟失、損毀或者內件短少。

第四十六條　郵政企業對平常郵件的損失不承擔賠償責任。但是，郵政企業因故意或者重大過失造成平常郵件損失的除外。

第四十七條　郵政企業對給據郵件的損失依照下列規定賠償：

（一）保價的給據郵件丟失或者全部損毀的，按照保價額賠償；部分損毀或者內件短少的，按照保價額與郵件全部價值的比例對郵件的實際損失予以賠償。

（二）未保價的給據郵件丟失、損毀或者內件短少的，按照實際損失賠償，但最高賠償額不超過所收取資費的三倍；掛號信件丟失、損毀的，按照所收取資費的三倍予以賠償。

郵政企業應當在營業場所的告示中和提供給用戶的給據郵件單據上，以足以引起用戶注意的方式載明前款規定。

郵政企業因故意或者重大過失造成給據郵件損失，或者未履行前款規定義務的，無權援用本條第一款的規定限制賠償責任。

第四十八條　因下列原因之一造成的給據郵件損失，郵政企業不承擔賠償責任：

（一）不可抗力，但因不可抗力造成的保價的給據郵件的損失除外；

（二）所寄物品本身的自然性質或者合理損耗；

（三）寄件人、收件人的過錯。

第四十九條　用戶交寄給據郵件後，對國內郵件可以自交寄之日起一年內持收據向郵政企業查詢，對國際郵件可以自交寄之日起一百八十日內持收據向郵政企業查詢。

查詢國際郵件或者查詢國務院郵政管理部門規定的邊遠地區的郵件的，郵政企業應當自用戶查詢之日起六十日內將查詢結果告知用戶；查詢其他郵件的，郵政企業應當自用戶查詢之日起三十日內將查詢結果告知用戶。查復期滿未查到郵件的，郵政企業應當依照本法第四十七條的規定予以賠償。

用戶在本條第一款規定的查詢期限內未向郵政企業查詢又未提出賠償要求的，郵政企業不再承擔賠償責任。

第五十條　郵政匯款的匯款人自匯款之日起一年內，可以持收據向郵政企業查詢。郵政企業應當自用戶查詢之日起二十日內將查詢結果告知匯款人。查復期滿未查到匯款的，郵政企業應當向匯款人退還匯款和匯款費用。

第六章　快遞業務

第五十一條　經營快遞業務，應當依照本法規定取得快遞業務經營許可；未經許可，任何單位和個人不得經營快遞業務。

外商不得投資經營信件的國內快遞業務。

國內快遞業務，是指從收寄到投遞的全過程均發生在中華人民共和國境內的快遞業務。

第五十二條　申請快遞業務經營許可，應當具備下列條件：

（一）符合企業法人條件；

（二）在省、自治區、直轄市範圍內經營的，註冊資本不低於人民幣五十萬元，跨省、自治區、直轄市經營的，註冊資本不低於人民幣一百萬元，經營國際快遞業務的，註冊資本不低於人民幣二百萬元；

（三）有與申請經營的地域範圍相適應的服務能力；

（四）有嚴格的服務質量管理制度和完備的業務操作規範；

（五）有健全的安全保障制度和措施；

（六）法律、行政法規規定的其他條件。

第五十三條　申請快遞業務經營許可，在省、自治區、直轄市範圍內經營的，應當向所在地的省、自治區、直轄市郵政管理機構提出申請，跨省、自治區、直轄市經營或者經營國際快遞業務的，應當向國務院郵政管理部門提出申請；申請時應當提交申請書和有關申請材料。

受理申請的郵政管理部門應當自受理申請之日起四十五日內進行審查，作出批准或者不予批准的決定。予以批准的，頒發快遞業務經營許可證；不予批准的，書面通知申請人並說明理由。

郵政管理部門審查快遞業務經營許可的申請，應當考慮國家安全等因素，並徵求有關部門的意見。

申請人憑快遞業務經營許可證向工商行政管理部門依法辦理登記後，方可經營快遞業務。

第五十四條　郵政企業以外的經營快遞業務的企業（以下稱快遞企業）

設立分支機構或者合併、分立的，應當向郵政管理部門備案。

第五十五條　快遞企業不得經營由郵政企業專營的信件寄遞業務，不得寄遞國家機關公文。

第五十六條　快遞企業經營郵政企業專營業務範圍以外的信件快遞業務，應當在信件封套的顯著位置標注信件字樣。

快遞企業不得將信件打包後作爲包裹寄遞。

第五十七條　經營國際快遞業務應當接受郵政管理部門和有關部門依法實施的監管。郵政管理部門和有關部門可以要求經營國際快遞業務的企業提供報關數據。

第五十八條　快遞企業停止經營快遞業務的，應當書面告知郵政管理部門，交回快遞業務經營許可證，並對尚未投遞的快件按照國務院郵政管理部門的規定妥善處理。

第五十九條　本法第六條、第二十一條、第二十二條、第二十四條、第二十五條、第二十六條第一款、第三十五條第二款、第三十六條關於郵政企業及其從業人員的規定，適用於快遞企業及其從業人員；第十一條關於郵件處理場所的規定，適用於快件處理場所；第三條第二款、第二十六條第二款、第三十五條第一款、第三十六條、第三十七條關於郵件的規定，適用於快件；第四十五條第二款關於郵件的損失賠償的規定，適用於快件的損失賠償。

第六十條　經營快遞業務的企業依法成立的行業協會，依照法律、行政法規及其章程規定，制定快遞行業規範，加強行業自律，爲企業提供信息、培訓等方面的服務，促進快遞行業的健康發展。

經營快遞業務的企業應當對其從業人員加強法制教育、職業道德教育和業務技能培訓。

第七章　監督檢查

第六十一條　郵政管理部門依法履行監督管理職責，可以採取下列監督檢查措施：

（一）進入郵政企業、快遞企業或者涉嫌發生違反本法活動的其他場所實施現場檢查；

（二）向有關單位和個人瞭解情況；

（三）查閱、複製有關文件、資料、憑證；

（四）經郵政管理部門負責人批准，查封與違反本法活動有關的場所，扣押用於違反本法活動的運輸工具以及相關物品，對信件以外的涉嫌夾帶禁止寄遞或者限制寄遞物品的郵件、快件開拆檢查。

第六十二條　郵政管理部門根據履行監督管理職責的需要，可以要求郵政企業和快遞企業報告有關經營情況。

第六十三條　郵政管理部門進行監督檢查時，監督檢查人員不得少於二人，並應當出示執法證件。對郵政管理部門依法進行的監督檢查，有關單位和個人應當配合，不得拒絕、阻礙。

第六十四條　郵政管理部門工作人員對監督檢查中知悉的商業秘密，負有保密義務。

第六十五條　郵政企業和快遞企業應當及時、妥善處理用戶對服務質量提出的異議。用戶對處理結果不滿意的，可以向郵政管理部門申訴，郵政管理部門應當及時依法處理，並自接到申訴之日起三十日內作出答覆。

第六十六條　任何單位和個人對違反本法規定的行為，有權向郵政管理部門舉報。郵政管理部門接到舉報後，應當及時依法處理。

第八章　法律責任

第六十七條　郵政企業提供郵政普遍服務不符合郵政普遍服務標準的，由郵政管理部門責令改正，可以處一萬元以下的罰款；情節嚴重的，處一萬元以上五萬元以下的罰款；對直接負責的主管人員和其他直接責任人員給予處分。

第六十八條　郵政企業未經郵政管理部門批准，停止辦理或者限製辦理郵政普遍服務業務和特殊服務業務，或者撤銷提供郵政普遍服務的郵政營業場所的，由郵政管理部門責令改正，可以處二萬元以下的罰款；情節嚴重的，處二萬元以上十萬元以下的罰款；對直接負責的主管人員和其他直接責任人員給予處分。

第六十九條　郵政企業利用帶有郵政專用標誌的車船從事郵件運遞以外的經營性活動，或者以出租等方式允許其他單位或者個人使用帶有郵政專用標誌的車船的，由郵政管理部門責令改正，沒收違法所得，可以並處二萬元以下的罰款；情節嚴重的，並處二萬元以上十萬元以下的罰款；對直接負責的主管人員和其他直接責任人員給予處分。

郵政企業從業人員利用帶有郵政專用標誌的車船從事郵件運遞以外的活動的，由郵政企業責令改正，給予處分。

第七十條　郵政企業從業人員故意延誤投遞郵件的，由郵政企業給予處分。

第七十一條　冒領、私自開拆、隱匿、毀棄或者非法檢查他人郵件、快件，尚不構成犯罪的，依法給予治安管理處罰。

第七十二條　未取得快遞業務經營許可經營快遞業務，或者郵政企業以外的單位或者個人經營由郵政企業專營的信件寄遞業務或者寄遞國家機關公文的，由郵政管理部門或者工商行政管理部門責令改正，沒收違法所得，並處五萬元以上十萬元以下的罰款；情節嚴重的，並處十萬元以上二十萬元以下的罰款；對快遞企業，還可以責令停業整頓直至弔銷其快遞業務經營許可證。

違反本法第五十一條第二款的規定，經營信件的國內快遞業務的，依照前款規定處罰。

第七十三條　快遞企業有下列行爲之一的，由郵政管理部門責令改正，可以處一萬元以下的罰款；情節嚴重的，處一萬元以上五萬元以下的罰款，並可以責令停業整頓：

（一）設立分支機構、合併、分立，未向郵政管理部門備案的；

（二）未在信件封套的顯著位置標注信件字樣的；

（三）將信件打包後作爲包裹寄遞的；

（四）停止經營快遞業務，未書面告知郵政管理部門並交回快遞業務經營許可證，或者未按照國務院郵政管理部門的規定妥善處理尚未投遞的快件的。

第七十四條　郵政企業、快遞企業未按照規定嚮用戶明示其業務資費標準，或者有其他價格違法行爲的，由政府價格主管部門依照《中華人民共和國價格法》的規定處罰。

第七十五條　郵政企業、快遞企業不建立或者不執行收件驗視制度，或者違反法律、行政法規以及國務院和國務院有關部門關於禁止寄遞或者限制寄遞物品的規定收寄郵件、快件的，對郵政企業直接負責的主管人員和其他直接責任人員給予處分；對快遞企業，郵政管理部門可以責令停業整頓直至弔銷其快遞業務經營許可證。

用戶在郵件、快件中夾帶禁止寄遞或者限制寄遞的物品，尚不構成犯罪的，依法給予治安管理處罰。

有前兩款規定的違法行為，造成人身傷害或者財產損失的，依法承擔賠償責任。

郵政企業、快遞企業經營國際寄遞業務，以及用戶交寄國際郵遞物品，違反《中華人民共和國海關法》及其他有關法律、行政法規的規定的，依照有關法律、行政法規的規定處罰。

第七十六條　郵政企業、快遞企業違法提供用戶使用郵政服務或者快遞服務的信息，尚不構成犯罪的，由郵政管理部門責令改正，沒收違法所得，並處一萬元以上五萬元以下的罰款；對郵政企業直接負責的主管人員和其他直接責任人員給予處分；對快遞企業，郵政管理部門還可以責令停業整頓直至弔銷其快遞業務經營許可證。

郵政企業、快遞企業從業人員有前款規定的違法行為，尚不構成犯罪的，由郵政管理部門責令改正，沒收違法所得，並處五千元以上一萬元以下的罰款。

第七十七條　郵政企業、快遞企業拒絕、阻礙依法實施的監督檢查，尚不構成犯罪的，依法給予治安管理處罰；對快遞企業，郵政管理部門還可以責令停業整頓直至弔銷其快遞業務經營許可證。

第七十八條　郵政企業及其從業人員、快遞企業及其從業人員在經營活動中有危害國家安全行為的，依法追究法律責任；對快遞企業，並由郵政管理部門弔銷其快遞業務經營許可證。

第七十九條　冒用郵政企業名義或者郵政專用標誌，或者偽造郵政專用品或者倒賣偽造的郵政專用品的，由郵政管理部門責令改正，沒收偽造的郵政專用品以及違法所得，並處一萬元以上五萬元以下的罰款。

第八十條　有下列行為之一，尚不構成犯罪的，依法給予治安管理處罰：

（一）盜竊、損毀郵政設施或者影響郵政設施正常使用的；

（二）偽造郵資憑證或者倒賣偽造的郵資憑證的；

（三）擾亂郵政營業場所、快遞企業營業場所正常秩序的；

（四）非法攔截、強登、扒乘運送郵件、快件的車輛的。

第八十一條　違反本法規定被弔銷快遞業務經營許可證的，自快遞業務經營許可證被弔銷之日起三年內，不得申請經營快遞業務。

快遞企業被吊銷快遞業務經營許可證的，應當依法向工商行政管理部門辦理變更登記或者注銷登記。

第八十二條　違反本法規定，構成犯罪的，依法追究刑事責任。

第八十三條　郵政管理部門工作人員在監督管理工作中濫用職權、玩忽職守、徇私舞弊，構成犯罪的，依法追究刑事責任；尚不構成犯罪的，依法給予處分。

第九章　附　則

第八十四條　本法下列用語的含義：

郵政企業，是指中國郵政集團公司及其提供郵政服務的全資企業、控股企業。

寄遞，是指將信件、包裹、印刷品等物品按照封裝上的名址遞送給特定個人或者單位的活動，包括收寄、分揀、運輸、投遞等環節。

快遞，是指在承諾的時限內快速完成的寄遞活動。

郵件，是指郵政企業寄遞的信件、包裹、匯款通知、報刊和其他印刷品等。

快件，是指快遞企業遞送的信件、包裹、印刷品等。

信件，是指信函、明信片。信函是指以套封形式按照名址遞送給特定個人或者單位的緘封的信息載體，不包括書籍、報紙、期刊等。

包裹，是指按照封裝上的名址遞送給特定個人或者單位的獨立封裝的物品，其重量不超過五十千克，任何一邊的尺寸不超過一百五十釐米，長、寬、高合計不超過三百釐米。

平常郵件，是指郵政企業在收寄時不出具收據，投遞時不要求收件人簽收的郵件。

給據郵件，是指郵政企業在收寄時向寄件人出具收據，投遞時由收件人簽收的郵件。

郵政設施，是指用於提供郵政服務的郵政營業場所、郵件處理場所、郵筒（箱）、郵政報刊亭、信報箱等。

郵件處理場所，是指郵政企業專門用於郵件分揀、封發、儲存、交換、轉運、投遞等活動的場所。

國際郵遞物品，是指中華人民共和國境內的用戶與其他國家或者地區的

用戶相互寄遞的包裹和印刷品等。

郵政專用品，是指郵政日戳、郵資機、郵政業務單據、郵政夾鉗、郵袋和其他郵件專用容器。

第八十五條　本法公佈前按照國家有關規定，經國務院對外貿易主管部門批准或者備案，並向工商行政管理部門依法辦理登記後經營國際快遞業務的國際貨物運輸代理企業，憑批准或者備案文件以及營業執照，到國務院郵政管理部門領取快遞業務經營許可證。國務院郵政管理部門應當將企業領取快遞業務經營許可證的情況向其原辦理登記的工商行政管理部門通報。

除前款規定的企業外，本法公佈前依法向工商行政管理部門辦理登記後經營快遞業務的企業，不具備本法規定的經營快遞業務的條件的，應當在國務院郵政管理部門規定的期限內達到本法規定的條件，逾期達不到本法規定的條件的，不得繼續經營快遞業務。

第八十六條　省、自治區、直轄市應當根據本地區的實際情況，制定支持郵政企業提供郵政普遍服務的具體辦法。

第八十七條　本法自 2009 年 10 月 1 日起施行。

參考文獻

（一）檔案、基礎文獻類

1. 《建設‧第一卷》，人民出版社，1980 年影印。
2. 白壽彝：《中國交通史》，上海書店，1984 年。
3. 北京市郵政管理局文史中心編：《全國各級政協文史資料‧郵電史料》，北京，燕山出版社，1995 年。
4. 北京市郵政局史志辦編：《京版報刊上的北京郵政》，北京，燕山出版社，1989 年。
5. 陳霞飛主編：《中國海關密檔：赫德、金登幹函電彙編》，北京，中華書局，1995 年。
6. 來新夏主編，仇潤喜、閻文啓編著，《天津的郵驛與郵政》，天津，天津古籍出版社，2004 年。
7. 李鴻章：《李文忠公全集‧朋僚函稿》卷一六，臺北文海出版社，1974 年。
8. 劉廣生、趙梅莊：《中國古代郵驛史》，北京，人民郵電出版社，1997 年。
9. 樓祖貽：《中國郵驛發達史》，中華書局，1940 年。
10. 樓祖貽：《中國郵驛史料》，北京，人民郵電出版社，1958 年。
11. 馬楚堅：《中國古代的郵驛》，北京，商務印書館國際有限公司，1997 年。
12. 彭瀛添：《民信局發展史——中國的民間通訊事業》，臺北，中國文化大學出版社，1992 年。
13. 漆樹芬：《經濟侵略下之中國》，光華書局，1925 年。
14. 沈雲龍訪問，林泉紀錄，郭廷以校閱，《劉承漢先生訪問紀錄》，臺北「中央研究院近代史研究所」，1997 年。
15. 沈雲龍主編：《郵傳部奏議類編》，臺北，文海出版社有限公司，1967 年。

16. 王椶：《郵政》，商務印書館，1933 年。

17. 王奉瑞：《東北之交通》，沈雲龍主編：近代中國史料叢刊續編第九十三輯，文海出版社有限公司。

18. 王開節、何縱炎編：《郵政六十週年紀念刊》，沈雲龍主編：近代中國史料叢刊續編第九十三輯，臺北，文海出版社有限公司，1982 年。

19. 王開節、修域、錢其琮編：《鐵路・電信七十五週年紀念刊》，沈雲龍主編：近代中國史料叢刊續編第九十三輯，臺北，文海出版社有限公司。

20. 謝彬：《中國郵電航空史》，上海書局，1926 年。

21. 晏星：《中華郵政發展史》，臺北，商務印書館，1994 年。

22. 郵電部郵電史編輯室：《中國近代郵電史》，北京，人民郵電出版社，1984 年。

23. 郵政研究社：《日本郵政全書》，光緒三十三年五月發行，日本東京秀共社印刷。

24. 張樑任：《中國郵政》（上），上海書店，1935 年。

25. 張樑任：《中國郵政》（下），上海書店，1936 年。

26. 張樑任：《中國郵政》（中），上海書店，1936 年。

27. 趙曾玨：《中國之郵政事業》，商務印書館，1947 年。

28. 鄭游主編：《中國的郵驛與郵政》，北京，人民出版社，1988 年。

29. 中國近代經濟史資料叢刊編輯委員會主編：《中國海關與郵政》，北京，中華書局，1983 年。

30. 中國近代經濟史資料叢刊編輯委員會主編：《中國海關與郵政》，北京，中華書局 1983 年版。

31. 中國郵政年鑒編撰委員會編：《中國郵政年鑒（1999～2001）》，北京燕山出版社，2002 年。

32. 中華民國「交通部、鐵道部交通史編纂委員會」編輯：《交通史郵政編》，1930 年。

33. 朱景文主編：《中國法律發展報告 中國立法六十年——體制、機構、立法者、立法數量》，上下冊，北京，中國人民大學出版社，2010 年。

34. 朱景文主編：《中國法律發展報告——數據庫和指標體系》，北京，中國人民大學出版社，2007 年。

（二）中文原著

1. 《顧維鈞回憶錄縮編》，天津編譯中心編，中華書局出版，1997 年。

2. Ross Garnaut、宋立剛主編：《中國市場化與經濟增長》，北京，社會科學文獻出版社，2007 年。

3. 蔡定劍、王晨光主編：《中國走向法治 30 年（1978～2008）》，北京，社會科學文獻出版社，2008 年。

4. 蔡定劍：《歷史與變革：新中國法制建設的歷程》，北京，中國政法大學出版社，1999 年。

5. 陳國慶主編：《中國近代社會轉型研究》，北京，社會科學文獻出版社，2005 年。

6. 成思危：《中國經濟改革與發展研究》第一集，北京，中國人民大學出版社，2001 年。

7. 程道德、張敏孚、饒戈平等編：《中華民國外交史資料選編》（1911～1919），北京，北京大學出版社，1988 年。

8. 程道德、鄭月明、饒戈平編：《中華民國外交史資料選編》（1919～1931），北京，北京大學出版社，1985 年。

9. 戴鞍鋼：《晚清史》，上海，百家出版社，2009 年。

10. 戴慶高主編《郵電經濟辭典》，北京，人民郵電出版社，1989 年。

11. 高尚全：《從計劃經濟走向社會主義市場經濟》，北京，人民出版社，1993 年。

12. 高尚全：《政府轉型》，北京，經濟科學出版社，2008 年。

13. 公丕祥：《中國的法制現代化》，北京，中國政法大學出版社，2004 年。

14. 公丕祥主編：《全球化與中國法制現代化》，北京，法律出版社，2008 年。

15. 顧明：《中國改革開放輝煌成就十四年·郵電部卷》，北京，中國經濟出版社，1992 年。

16. 郭成偉主編：《新中國法制建設 50 年》，南京，江蘇人民出版社，1999 年。

17. 郭道暉：《法的時代呼喚》，北京，中國法制出版社，1998 年。

18. 國家統計局工業交通司編：《中國運輸郵電事業的發展（1949～1987 年運輸郵電統計資料彙編)》，1988 年。

19. 國家郵政局政策法規司：《中華人民共和國郵政法學習讀本》，北京，法律出版社，2010 年。

20. 黃震、鄧文初：《民族主義與國家安全——20 世紀 20 年代中國政局與國際關係》，北京，團結出版社，2008 年。

21. 蔣夢麟譯：《美國總統威爾遜參戰演說》，商務印書館，1917 年。

22. 蔣仕宏：《香港郵政卓越唯心——建立企業文化的經驗》，香港郵政出版，2006 年 4 月。

23. 蔣廷黻：《中國近代史》，上海，上海世紀出版集團，2006 年。

24. 瞿同祖：《瞿同祖法學論著集》，北京，中國政法大學出版社，1998 年。

25. 李步雲、江平主編:《WTO 與中國法制建設》,北京,中國方正出版社,2001 年。

26. 李步雲:《走向法治》,湖南,湖南人民出版社,1998 年。

27. 李長莉:《晚清上海社會的變遷——生活與倫理的近代化》,天津,天津人民出版社,2002 年。

28. 李劍農:《中國近百年政治史》,上海,復旦大學出版社,2002 年。

29. 李九團主編:《新世紀中國郵政管理指導全書》(全二冊),北京郵電大學出版社,2000 年。

30. 李龍主編,《新中國法制建設的回顧與反思》,北京,中國社會科學出版社,2004 年。

31. 李青:《洋務派法律思想與實踐的研究》,北京,中國政法大學出版社,2005 年。

32. 李曉西主編,曾學文、趙少欽副主編:《中國經濟改革 30 年·市場化進程卷》,重慶,重慶大學出版社,2008 年。

33. 李新家:《社會主義市場經濟理論的發展》,廣州,廣東人民出版社,2003 年。

34. 梁治平:《法律——中國法的過去、現在與未來》,北京,中國政法大學出版社,2002 年。

35. 梁治平編:《國家、市場、社會:當代中國的法律與發展》,北京,中國政法大學出版社,2006 年。

36. 劉承漢:《郵政法原理》,臺北,三民書店,1985 年。

37. 劉承漢:《郵政法總論》,商務印書館,1940 年。

38. 劉維林、席文啓主編:《法治中國 30 年——重大事件回放與述評》,北京,紅旗出版社,2008 年。

39. 呂世珩:《郵政法簡論》,北京,人民郵電出版社,1993 年。

40. 羅榮渠:《現代化新論——世界與中國的現代化進程》,北京,北京大學出版社,1993 年。

41. 馬軍勝主編:《中華人民共和國郵政法釋義》,北京,法律出版社,2010 年。

42. 馬凱、曹玉書主編:《計劃經濟體制向社會主義市場經濟體制的轉軌》,北京,人民出版社,2002 年。

43. 倪正茂等:《國際規則:入世後中國的法律對策》,上海,上海社會科學院出版社,北京,高等教育出版社,2001 年。

44. 倪正茂等:《國際規則:入世後中國的法律對策》,上海,上海社會科學院出版社,北京,高等教育出版社,2001 年。

45. 牛津經濟研究院：《快遞業對全球經濟的影響》，2009 年。

46. 錢實甫：《北洋政府時期的政治制度》上下冊，北京，中華書局，1984 年。

47. 秦愉慶主編：《中華人民共和國史》，西安，陝西人民出版社，1994 年。

48. 任曉偉：《社會主義計劃經濟的歷史和理論起源》，北京，人民出版社，2009 年。

49. 桑玉成：《利益分化的政治時代》，上海，學林出版社，2002 年。

50. 石源華：《中華民國外交史》，上海，上海人民出版社，1994 年。

51. 蘇力：《道路通向城市：轉型中國的法治》，北京，法律出版社，2004 年。

52. 孫國華主編、馮玉軍副主編：《中國特色社會主義法律體系研究——概念、理論、結構》，北京，中國民主法制出版社，2009 年。

53. 唐德剛：《晚清七十年》，長沙，嶽麓出版社，1999 年。

54. 唐啓華：《被「廢除不平等條約」遮蔽的北洋修約史　1912～1928》，北京，社會科學文獻出版社，2010 年。

55. 唐任伍、馬驥著：《中國經濟改革 30 年：對外開放卷（1978～2008）》，重慶，重慶大學出版社，2008 年。

56. 陶文釗：《中美關係史（1911～1950）》，重慶出版社，1993 年。

57. 王東京、田清旺、趙錦輝：《中國經濟改革 30 年·政府轉型卷》，重慶，重慶大學出版社，2008 年。

58. 王爾敏：《中國近代思想史論》，北京，社會科學文獻出版社，2003 年。

59. 王佳寧主編：《中國經濟改革 30 年：撫脈歷程（1978～2008）》，重慶，重慶大學出版社，2008 年。

60. 王佳寧主編：《中國經濟改革 30 年：源頭滄桑·20 個第一（1978～2008）》，重慶，重慶大學出版社，2008 年。

61. 王建朗：《中國廢除不平等條約的歷程》，南昌，江西人民出版社，2000 年。

62. 王鈺：《市場視野中的政府改革》，長春，長春出版社，2008 年。

63. 王鈺主編：《市場視野中的政府改革》，長春，長春出版社，2008 年。

64. 吳東之主編：《中國外交史（1912～1949）》，河南人民出版社，1996 年。

65. 吳基傳主編：《世界電信業：分析與思考》，北京，新華出版社，2002 年。

66. 吳孝政：《從計劃經濟到市場經濟——社會主義經濟理論與實踐的發展》，長沙，湖南人民出版社，1999 年。

67. 夏東元：《洋務運動史》，上海，華東師範大學出版社，2010 年。

68. 謝振民編著，張知本校訂，《中華民國立法史》上下冊，北京，中國政法大學出版社，1999 年。

69. 修曉波：《郵政史話》，北京，社會科學文獻出版社，2011 年。

70. 楊泰芳主編：《當代中國的郵電事業》，北京，當代中國出版社，1993 年。

71. 楊幼炯：《近代中國立法史》，上海書店出版社，1989 年。

72. 應國慶：《郵政法規概要》，臺北，五南圖書出版公司，1978 年。

73. 郵電部編輯：《郵電法規彙編》（全 12 冊），北京，人民郵電出版社，1987 年起編輯。

74. 袁偉時：《帝國落日——晚清大變局》，南昌，江西人民出版社，2003 年。

75. 張成福、孫柏瑛：《社會變遷與政府創新——中國政府改革 30 年》，北京，中國人民大學出版社，2009 年。

76. 張晉藩主編：《中國法制 60 年（1949～2009）》，西安，陝西人民出版社，2009 年。

77. 張廷灝：《不平等條約的研究》，沈雲龍主編：近代中國史料叢刊續編第三十七輯，文海出版社有限公司。

78. 張文魁、袁東明：《中國經濟改革 30 年·國有企業卷》，重慶，重慶大學出版社，2008 年。

79. 張宇、盧荻主編：《當代中國經濟》，北京，中國人民大學出版社，2007 年。

80. 鄭杭生等：《轉型中的中國社會和中國社會的轉型》，北京，首都師範大學出版社，1996 年。

81. 中共中央文獻研究室和中央檔案館《黨的文獻》編輯部：《共和國走過的路——建國以來重要文獻專題選集》（1949～1952 年），中央文獻出版社，1991 年。

82. 中國（海南）改革發展研究院：《建設公共服務型政府》，北京，中國經濟出版社，2004 年。

83. 中國（海南）改革發展研究院：《聚焦中國公共服務體制》，北京，中國經濟出版社，2006 年。

84. 中國社會科學院近代史研究所民國史研究室、四川師範大學歷史文化學院編：《二十年代的中國》，北京，社會科學出版社，2005 年。

85. 中國社科院近代所、四川師大歷史文化學院編：《一九二〇年代的中國 》，北京，社會科學文獻出版社，2009 年。

86. 中國社科院近代所、四川師大歷史文化學院編：《一九二〇年代的中國》，北京，社會科學文獻出版社，2009 年。

87. 周臣孚、鹿蔭棠編：《郵政法釋疑》，北京，人民郵電出版社，1990 年。

88. 周臣孚：《郵政法概論》，北京，人民郵電出版社，1992 年。

89. 周臣孚：《郵政法實施細則答疑》，西安，陝西科學技術出版社，1997 年。

90. 周建波：《洋務運動與中國早期現代化思想》，濟南，山東人民出版社，2001年。

91. 周立群、謝思全主編：《中國經濟改革30年：民營經濟卷（1978～2008）》，重慶，重慶大學出版社，2008年。

92. 朱景文：《比較法社會學的框架和方法：法制化、本土化和全球化》，北京，中國人民大學出版社，2001年。

93. 朱景文主編：《法理學》，北京，中國人民大學出版社，2007年。

94. 朱力宇：《彭真民主法制思想研究》，北京，中國人民大學出版社，1999年。

95. 朱力宇主編：《依法治國論》，北京，中國人民大學出版社，2004年。

96. 鄒牧侖：《乾坤再造——中國近代的現代化進程》，北京，中國社會出版社，2005年。

（三）中文譯著

1. 【波】彼得・什托姆普卡（Piotr Sztompka）：《社會變遷的社會學》，北京，北京大學出版社，2011年。

2. 【美】費正清編，中國社會科學院歷史研究所編譯室譯：《劍橋中國晚清史》上冊，北京，中國社會科學出版社，1985年。

3. 【美】吉爾伯特・羅茲曼主編：《中國的現代化》，上海，上海人民出版社，1989年。

4. 【美】理查德・J・司馬富、約翰・K・費正清、凱瑟琳・F・布魯納著，【中】陳絳譯，《赫德與中國早期現代化 ——赫德日記（1833～1866）》，北京，中國海關出版社，2005年。

5. 【美】馬若孟著，史建雲譯，《中國農民經濟——河北和山東的農業發展，1890～1949》，南京，江蘇人民出版社，1999年。

6. 【美】馬士著，張匯文等譯，《中華帝國對外關係史》，北京，商務印書館，1963年。

7. 【美】史蒂文・瓦戈：《社會變遷》，北京，北京大學出版社，2007年。

8. 【英】弗里德里希・奧古斯特・哈耶克著，王明毅、馮興元等譯，《通往奴役之路》，北京，中國社會科學出版社，1998年。

（四）報紙、期刊

1. 蔡定劍：「對新中國摧毀舊法制的歷史反思」，《法學》，1997年第10期。

2. 常修澤：「逐步實現基本公共服務均等化」，人民日報，2007年1月31日。

3. 陳育紅：「戰前中國教師、公務員、工人工資薪俸之比較」，《民國檔案》，2010 年第 4 期。

4. 遲福林：「大中小公平與可持續：未來十年的中國追求」，《經濟體制改革》2012 年第 2 期。

5. 慈鴻飛：「二三十年代教師、公務員工資及生活狀況考」，《近代史研究》，1994 年第 3 期。

6. 樊清：「一枝獨秀的北洋中華郵政」，《文史精華》，2002 年 4 期。

7. 公丕祥：「二十世紀中國的三次法律革命」，《中外法學》，1999 年第 3 期。

8. 黃繼光：「張之洞與《請辦郵政片》」，集郵博覽，2005 年第 7 期。

9. 黃孟復：「民營企業已成中國最大企業群體」，《中國商人》，2011 年第 3 期。

10. 姜仰東：「從兩個實寄封談舊中華郵政的郵遞工作」，《中國郵政》，1990 年第 3 期。

11. 蔣開東：「我國農村公共服務市場化供給研究」，《經濟體制改革》，2011 年第 3 期。

12. 李國斌、楊少麗：「促進郵政事業依法發展——紀念《郵政法》頒佈實施 10 週年」，《中國郵政》，1997 年第 1 期。

13. 李林：「建國前夕和建國初期對舊法制的廢除與新法制的建設」，《上海黨史與黨建》，2006 年 4 月號。

14. 李龍、劉連泰：「廢除『六法全書』的回顧與反思」，《河南省政法管理幹部學院學報》，2005 年第 5 期

15. 李重華：《民國時期的基層郵政——以原四川省爲例》，重慶郵電學院學報（社會科學版），2006 年第 6 期。

16. 厲以寧：「如何看待民營經濟」，《銅陵學院學報》，2005 年第 4 期。

17. 呂平：「清末至民國時期的西藏郵政」，《民國檔案》，1999 年第 3 期。

18. 閔傑：「中國自行車的早期歷史」，《炎黃春秋》，2003 年第 2 期。

19. 南焱：「《郵政法》10 年爭端內幕」，《中國經濟周刊》，2009 年第 17 期。

20. 阮義召：「南京國民政府郵政事業建設略述（1927～1937）」，《凱里學院學報》，第 27 卷第 1 期，2009 年 2 月。

21. 沈宗靈：「依法治國與經濟」，《中外法學》，1998 年第 3 期。

22. 沈宗靈：「依法治國與經濟」，《中外法學》，1998 年第 3 期。

23. 蘇全有、王麗霞：「交通部與北洋時期鐵路發展研究綜述」，《安陽工學院學報》，2006 年第 6 期。

24. 孫國華、黃金華：「論法律上的利益選擇」，《法律科學——西北政法學院

學報》，1995 年第 4 期。

25. 孫國華、王立峰：「依法治國與改革和完善黨的領導方式和執政方式——以政策與法律關係為中心的考察」，《政治學研究》，2002 年第 4 期。

26. 孫國華：「論法與利益之關係」，《中國法學》，1994 年第 4 期。

27. 孫少穎：「郵史憶蹤之四周恩來總理對郵政的關注」，《集郵博覽》，2004 年第 7 期。

28. 特約評論員：「社會進步推動郵電分營」，《郵電企業管理》，1998 年第 6 期。

29. 晚晴：「蓬勃發展的清代後期郵政」，《中國郵政》，1992 年第 3 期。

30. 晚晴：近代郵政的「黃金時代」，《中國郵政》，1992 年第 5 期。

31. 王方中：「1920～1930 年間軍閥混戰對交通和工商業的破壞」，《近代史研究》，1994 年第 5 期

32. 王化隆：「歷史性的跨越——改革開放 20 年郵政發展成就回顧」，《中國郵政》，1999 年 12 月。

33. 王化隆：「中國郵政話百年」，《中國郵政》，1996 年第 3 期。

34. 王礫瑟：「郵政改革的熱點分析——楊永生、胡仲元、李佐軍解讀郵政體制改革」，《當代通信》，2005 年第 18 期。

35. 王年詠：「近代中國的戰爭賠款總值」，《歷史研究》，1994 年第 5 期。

36. 王學斌：「『會審』會審公廨」，《看歷史》2011 年 12 月刊。

37. 吳洪、彭惠、岳宇君：「大中小國有壟斷——私有化——公私合作：國外電信業體制變革新趨勢及對我國的啟示」，《經濟體制改革》，2011 年第 4 期。

38. 吳昱：「官民分立與郵遞並制：清代『郵政』制度的演化」，《學術研究》，2010 年第 11 期。

39. 吳昱：「略論晚清民信局的興衰」，《西華大學學報（哲學社會科學版）》，第 31 卷第 3 期，2012 年 6 月。

40. 吳昱：「清代郵政的初期運轉及其運行障礙」，《鹽城師範學院學報（人文社會科學版）》，第 31 卷第 5 期，2011 年 10 月。

41. 夏東元：「略論洋務運動」，《歷史教學問題》1981 年第 2 期，第 14～18 頁。

42. 蕭曉虹：「論民信局衰亡的原因」，《知識經濟》，2008 年第 8 期。

43. 郵電部文史中心：「蓬勃發展的郵電事業」，《當代中國史研究》，1994 年第 4 期。

44. 于忠元：「中華郵政的視察制度」，《井岡山學院學報》，2008 年第 1 期。

（五）學位論文

1. 曹全來：《國際化與本土化——中國近代法律體系的形成》，中國政法大學 2004 年博士論文。

2. 鄧思敏：《華盛頓會議期間的國民外交》，華中師範大學 2007 年碩士論文。

3. 黃芳：《改革開放以來中國電信業發展歷程研究》，江西財經大學 2006 年碩士論文。

4. 宋娟：《郵政普遍服務補償機制研究》，北京郵電大學博士論文，2011 年。

5. 王鷗：《中國電信業的發展與體制變遷（1949～2000)》，中國社會科學院博士論文。

6. 楊和平：《中華民國時期新疆郵政業研究》，新疆大學 2011 年碩士論文。

7. 楊暉：《中國特色社會主義法律體系形成軌跡研究》，河北師範大學博士論文，2009 年。

8. 葉士東：《晚清交通立法研究》，中國政法大學法律史 2005 年博士論文。

（六）外文著作

1. Ariel Ezrachi, EC Competition Law: An Analytical Guide to the Leading Cases, Hart Pub., 2008.

2. Ben H. Bagdikian, The New Media Monopoly, Beacon Press, 2004.

3. David M. Henkin, The Postal Age: The Emergence of Modern Communications in Nineteenth-Century America, The Univercity of Chicago, 2006.

4. Edited by Edward L.Hudgins, The last monopoly: privatizing the postal service for the information age, Papers presented at the Cato Institute conference, held June 14, 1995, in Washington, D.C.

5. Erika M. Szyszczak, The Regulation of the State in Competitive Markets in the Eu, Hart Pub., 2007.

6. James I. Campbell Jr, The Rise in Global Delivery Services: A Case Study in International Regulatory Reform, Potomac, MD.: JCampbell Press, 2001.

7. James I. Campbell Jr. Potomac, Postal Laws of the United States, MD.: JCampbell Press, 2011.

8. Michael A. Crew, Paul R. Kleindorfer, Reinventing the Postal Sector in an Electronic Age, Edward Elgar Pubilishing Ltd, 2011.

9. Michael Crew, Paul Kleindorfer, and James I. Campbell Jr., eds., Handbook of Worldwide Postal Reform, Cheltenham, U.K.: Edward Elgar, 2008.

10. Murray N. Rothbard, Man, Economy, and State with Power and Market, Scholar's Edition, Ludwig von Mises Institute, 2004.

11. Murray Newton Rothbard, For a New Liberty: The Libertarian Manifesto, Ludwig von Mises Institute, 1985.

12. Robert Waterman McChesney, The political economy of media: enduring issues, emerging dilemmas, Monthly Review Press, 2008.

13. EU Commission, 1998-Study on the impact of liberalisation of community cross-border mail (PriceWaterhouseCoopers - Dec. 1998).

14. EU Commission, 1999-Modelling and quantifying scenarios for liberalisation (MMD - Feb 1999).

15. EU Commission, 2001-Study on the conditions governing access to universal postal services and networks (CTcon, July 2001).

16. EU Commission, 2003-Quality of Service Objectives, Performance and Measurement in relation to Community Universal Postal Service (August 2003).

17. EU Commission, 2004-Study about the economics of postal services (NERA- July 2004).

18. EU Commission, 2004-Study on main developments in the European postal sector (WIK Consult GmbH - July 2004).

19. EU Commission, 2005-Study on the evolution of the regulatory model for European postal services (WIK Consult GmbH - July 2005).

20. EU Commission, 2006-Main developments in the postal sector (2004-2006)- (WIK Consult GmbH - May 2006).

21. EU Commission, 2008-Main developments in the postal sector (2006-2008)- (Ecorys - September 2008).

22. EU Commission, 2009-The evolution of the european postal market since 1997 (ITA Consulting GmbH and WIK Consult GmbH - August 2009).

23. EU Commission, 2009-The evolution of the european postal market since 1997 (ITA Consulting GmbH and WIK Consult GmbH - August 2009) Final Report.

24. EU Commission, 2009-The role of regulators in a more competitive postal market (WIK-Consult GmbH - September 2009).

25. EU Commission, 2010-Main developments in the postal sector (2008～2010) (Copenhagen Economics - November 2010).

26. EU Commission, 2010-Study on the external dimension of the EU postal acquis (WIK-Consult Jim Campbell).